COLLECTION « LA FRANCE DÉVASTÉE »

CHARLES LE GOFFIC

La Marne en feu

Avec 7 planches et une carte hors texte.

Mondement.
(D'après un dessin original de Cl. Denis.)

LIBRAIRIE FÉLIX ALCAN

LA MARNE EN FEU

COLLECTION « *LA FRANCE DÉVASTÉE* »

Dirigée par M. Gabriel *LOUIS-JARAY*

Série I : LES RÉGIONS

CHARLES LE GOFFIC

LA MARNE EN FEU

Avec 7 planches et une carte hors texte.

DEUXIÈME ÉDITION

PARIS

LIBRAIRIE FÉLIX ALCAN

108, BOULEVARD SAINT-GERMAIN, VIe

1921

LA MARNE EN FEU

PREMIÈRE PARTIE

I

LA MARNE

La Marne, au cours de cette guerre, est entrée
deux fois dans l'histoire. Et nous ne songeons point
à l'en déloger. La première de nos victoires porte
officiellement son nom ; elle continuera de le porter. Mais c'est un peu au détriment de la vérité,
car la Marne était franchie, la Seine presque atteinte,
sauf par l'armée de Langle, quand, à l'instigation
de Galliéni et sous sa pression impérieuse, Joffre fit
le geste décisif qui mit fin à la retraite : les dés
étaient jetés.

De fait, le nom de la Marne n'apparaît pour la
première fois dans les communiqués officiels que
le 8 septembre (ils n'avaient parlé jusque-là que de
l'Ourcq et du Grand-Morin) et nullement pour annoncer qu'on se bat sur cette rivière, mais seulement pour annoncer que l'ennemi, à l'aile gauche,
se replie dans sa direction. Le 9, il est question

encore d'elle, en même temps que du Petit-Morin et de l'Ourcq, mais toujours par incidence, pour annoncer, à 0 h. 50, que les Anglais « poursuivent leur offensive dans la direction de la Marne », et, à 23 heures, qu'ils l'ont franchie. Rien le 10, qui fut la seule journée de la guerre où nous n'eûmes pas de communiqué. Et le 11 enfin, à 17 h. 15, dans le long télégramme expédié de Bordeaux et qui résume les opérations en cours, le gouvernement saute le pas et écrit :

« Ainsi la première phase de la *bataille de la Marne* se dessine en faveur des armées alliées, puisque, à l'aile droite, la situation reste sans changement notable. »

Mais Joffre, lui, ne se départit pas de sa réserve. Qu'on relise l'ordre général nº 15, lancé le 12 septembre, sous sa signature : c'est le bulletin de la victoire, mais d'une victoire qui continue à rester anonyme : « La bataille qui se livre depuis cinq jours s'achève en victoire incontestable, etc. [1] ». Qu'est-ce à dire et n'est-il pas à présumer que, si Joffre avait été consulté sur le nom que devait porter cette victoire, il lui en eût choisi un autre, plus conforme à la vérité historique et géographique, et le nom même peut-être dont il s'était servi, le 4, dans sa lettre au maréchal French ? « Au cas où les ar-

---

1. Il y a bien sans doute le mot rapporté par M. Hanotaux et par lequel Joffre aurait conclu la longue discussion de la nuit du 4 septembre : « Eh bien, Messieurs, on se battra sur la Marne ! » Mais il paraît à peu près certain que, dans la pensée du général en chef, le mot ne s'appliquait qu'à l'armée Maunoury, car toute la discussion du 4 entre lui et Galliéni, qui roule sur la Marne pour savoir si Maunoury attaquera sur cette rivière, puis s'il attaquera sur la rive gauche ou sur la rive droite, a trait exclusivement au rôle de la 6ᵉ armée et à ses rapports avec l'armée anglaise.

mées allemandes poursuivraient leur mouvement vers le sud-sud-est, s'éloignant ainsi de la Seine et de Paris (éventualité qui allait justement se réaliser), peut-être estimerez-vous comme moi que votre action pourrait s'exercer plus efficacement sur la rive droite de ce fleuve, *entre Marne et Seine*. »

La bataille d'entre Marne et Seine, oui, voilà qui, topographiquement, serait déjà très préférable au nom qu'a reçu notre victoire, mais qui ne s'appliquerait pourtant avec une complète exactitude qu'à la moitié au plus des opérations conduites le long de l'immense ligne de feu qui s'alluma, le 5 septembre, du camp retranché de Paris à la frontière des Vosges : car ce n'est pas seulement la Marne et la Seine, avec leurs affluents, mais la Meuse, la Moselle et la Meurthe qui, ce jour-là, prirent figure de nymphes guerrières.

La section historique de l'État-Major a bien essayé de résoudre la difficulté en subdivisant la bataille de la Marne en batailles de Revigny, de Vitry, des Marais de Saint-Gond, des deux Morins et de l'Ourcq, et en reléguant dans les opérations de Lorraine les batailles de la Mortagne et du Grand-Couronné. Il est vrai que l'ennemi donne un peu de relâche à l'armée Dubail à partir du 4 ; mais, par contre, c'est dans la nuit du 4 au 5 qu'il déclanche sa massive attaque de front sur l'armée Castelnau, attaque qui ne prendra fin que le 12. « En fait, observe avec infiniment de justesse M. Hanotaux, la bataille de la Marne a pour secteur oriental, à partir du 5, la bataille du Grand-Couronné. » Et telle est aussi l'impression du public qui ne sépare pas la manœuvre de conversion tentée du 5 au 12 septembre par les armées Maunoury, French, d'Esperey, Foch, de Langle, Sarrail, et le pivot de cette manœuvre, dont le rôle est rempli par la 2ᵉ et la 1ʳᵉ armée. Conversion et pivot, s'articulant l'un à l'autre, se tiennent étroitement à ses yeux ; il n'y a là pour lui qu'une seule et même opération. Et c'est cette opération gigantesque de plusieurs centaines de kilomètres qu'il appelle, faute de mieux, la bataille de la Marne.

Une telle amplitude de front ne s'était, à vrai dire, jamais rencontrée dans l'histoire. Pour la contenir dans une appellation congruente, il eût fallu recourir au langage des abstractions : la bataille de la Marne aurait pu s'appeler fort bien, par exemple, la bataille du Redressement. En lui préférant un nom plus concret, mais qui avait l'inconvénient de l'enfermer dans un canton trop étroit de la géographie, l'opinion publique ne s'est pourtant pas décidée au hasard et aura cédé peut-être, sans le savoir, à l'obscure suggestion qui émane de ces vastes plaines de la Champagne, dont la craie semble une poussière d'ossements et où, d'Aurélien à Napoléon, en passant par Attila, se sont joués presque à toutes les époques les destins de l'Occident latin aux prises avec la barbarie germaine.

Il se peut enfin qu'un dernier élément ait agi sur l'opinion et qu'elle ait été frappée par l'importance qu'occupaient dans l'ensemble des opérations les batailles livrées à leur centre par la 5ᵉ et la 9ᵉ armée ; dans la poche largement ouverte dessinée par notre ligne, la section inférieure du département de la Marne où manœuvraient ces armées formait le fond de la poche ; c'est ce cul-de-sac que l'ennemi cherchait surtout à crever ; c'est donc là aussi que notre résistance devait se faire la plus acharnée.

Du succès ou de l'échec de cette résistance dépendait l'issue de la bataille générale. L'opinion gouvernementale, reflet du sentiment public, en a pu être légitimement impressionnée. Et, comme la Marne tenait le premier rang dans ses préoccupations, c'est le nom de la Marne qu'elle a imposé à notre victoire.

Symboliquement du moins il n'en était pas de plus heureux. La Marne est un vieux nom celtique (*Matra, Matrona*, gaulois *Matr*, irlandais *Mathyr*) qui veut dire la Mère [1]. Et l'on s'étonne un peu d'abord d'un nom si grave donné à la rivière aux eaux claires, lentes et flexibles, que Diderot appelait ironiquement sa « tortueuse compatriote » ; plus qu'à une matrone, elle ressemblerait à une jeune nymphe nonchalante du genre de celle que Bouchardon adossa au piédestal qui porte la Ville de Paris dans sa fontaine monumentale de la rue de Grenelle-Saint-Germain.

Ainsi la voit encore Charles Maurras sous sa première figure de 1914 ; une naïade enfant, « auréolée de ces effroyables périls que firent alors l'impréparation et l'insouciance, mais décorée aussi du charme farouche de la volonté indomptée, d'un génie virginal de l'improvisation et d'on ne sait quel enthousiasme divin ». L'autre Marne, celle de 1918, lui montre un visage mieux composé, mais

---

1. Cf. Dottin : *la Langue gauloise*, et Auguste Longnon : *Dictionnaire topographique du département de la Marne* : « *Matrona*, 1er siècle av. J.-C. (Cæsar, *de bello gallico*). — *Fluvius Maternæ*, v. 670 (*Gall. christ*, t. X, ch. 1er). — *Marternæ flumen*, 1128 (Saint-Pierre-aux-Monts, ch. 1er). — *Marna*, 1141 (dioc. anc. de Châlons, t. I, p. 361). — *Maderna* (Saint-Pierre-aux-Monts, c. 1er). — *Merna*, com. du xiie siècle (Pertz, t. XVI, p. 335). — *Marne*, v. 1222 (livre des vass. de Champ) ».

toujours jeune, que la cruelle expérience a mûri, mais sans le flétrir d'aucune ride.

Image plus conforme peut-être à l'idée que se faisaient nos aïeux de cette rivière aux lignes graciles et au grand cœur, de cette sorte de Vierge-Mère des rivières françaises ! Ni l'Aisne, sur les bords de laquelle la bataille allait ensuite se transporter et se fixer pendant plus de trois années ; ni la Meuse aux heures rouges de Verdun, ni la Somme lors de l'offensive de 1916 ne connurent le même honneur, ne furent l'objet d'une dévotion aussi fervente.

La Marne a repris sur nos autels figure de divinité indigète et, comme le disait son vieux nom celtique, de matrone, de mère : deux fois en cette guerre elle a réengendré la patrie. Vainement l'ennemi, quand elle le força de reculer, essaya-t-il de contester sa valeur symbolique. « Après tout, qu'est-ce que la Marne ? écrivait la *Gazette de Voss* au lendemain de l'offensive victorieuse de Gouraud. La Marne n'est pas autre chose qu'une certaine quantité d'eau qui coule entre des collines boisées ou non boisées, à travers de larges marécages. Elle n'a aucune signification en un temps où il s'agit de victoires militaires et non d'expressions géographiques. » Avec un mépris plus souverain encore de la vérité, l'Allemagne, après la première Marne, avait supprimé le nom de ce fleuve de ses comptes rendus. Il semblait, à entendre l'agence Wolff, que la Marne n'eût jamais existé. Et telle est la puissance du mensonge que celui-ci finit par surprendre la religion des neutres eux-mêmes. On raconte que Benoît XV, recevant pendant la guerre un des plus éminents catholiques de notre pays, lui demanda en fin d'audience :

— Sincèrement, monsieur X..., est-il vrai que les Français aient remporté la victoire sur la Marne ?...

C'est le 12 septembre 1915 seulement que la *Post*, de Berlin, se résigna pour la première fois à reconnaître qu'un an auparavant les armées allemandes n'avaient pas été « favorisées » sur la Marne. « Il est certain, écrivait la *Post*, que la fortune des armes, ce jour-là, sourit à l'ennemi... ». Mais il fallut une autre année avant qu'un personnage officiel, le lieutenant-général baron von Freytag-Loringhoven, qui faisait partie à la Marne de l'Etat-Major allemand, contresignât cet aveu. Encore le fit-il avec toutes sortes de circonlocutions et en nous prêtant une supériorité numérique qui n'exista jamais que dans son imagination :

« Nous étions trop faibles pour nous frayer un chemin sur la Marne. Des troupes avaient dû être détachées pour être dirigées sur le front oriental menacé ; d'autres étaient retenues par Anvers et Maubeuge. De plus l'ennemi disposait d'une supériorité numérique d'environ 750.000 hommes (!!!) Il nous fallait protéger notre frontière orientale, tandis que les Français recevaient des renforts des Anglais et des Belges (!) Mais l'armée allemande avait obtenu des résultats considérables avant de commencer sa retraite et ce fait ne doit jamais être oublié. »

Stegeman et les autres historiens inspirés par l'Etat-Major allemand tenaient un langage analogue. L'aveu complet, dépouillé d'artifice, nous ne l'obtînmes de nos ennemis qu'à la fin de la guerre. N'ayant plus de réserve à garder, Kluck, d'abord, au cours de diverses interviews [1], puis Bülow, dans

1. Et, tout récemment, dans ses *Mémoires* publiés par la *Revue de Genève*.

son *Rapport sur la bataille de la Marne*, si diligemment traduit par le capitaine Jacques Netter, ne firent aucune difficulté pour confesser l'échec allemand. Cependant, à en croire chacun d'eux, cet échec n'eut pas un caractère personnel et, battus en général, ils veulent avoir été vainqueurs en particulier : c'est ainsi que Bülow consent que Kluck, à qui l'Etat-Major avait prescrit de le suivre en échelons, ait manœuvré pitoyablement « en faisant de l'échelonnement en avant au lieu d'en faire en arrière » et, s'il a prêté le flanc à l'attaque foudroyante de Franchet d'Espérey, c'est que le brusque raccourcissement des lignes de son voisin, obligé de faire face à Maunoury, le découvrait complètement sur sa droite. A quoi le dit voisin riposte : « La situation de la 1re armée, vers midi, le 9 septembre, était entièrement favorable, même eu égard au recul de la IIe armée (Bülow) vers le Nord-Est. En effet, à l'aile décisive, l'aile de l'attaque, le succès était certain ; l'aile gauche n'était pas refoulée ; le flanc, par le groupe Marwitz, était suffisamment assuré ». Kluck ne comprend pas que, dans ces conditions, on lui ait enjoint, l'après-midi du 9, de battre en retraite comme l'armée Bülow. Il en fut, dit-il, « désolé ». De surcroît et sans que rien expliquât cette défaveur, il était placé le lendemain « sous la subordination du commandant de la IIe armée », entre lequel et lui s'étaient déjà élevées « de graves divergences pour le règlement des principales questions stratégiques ». Tout le plan de Kluck s'écroulait.

Il est certain que l'État-Major allemand, à la première Marne — la seule dont nous ayons à nous occuper ici — manqua essentiellement de coup d'œil

et de fermeté. On est vraiment bien inspiré chez nous
de reprocher à Joffre d'avoir transporté son Q. G. à
Châtillon-sur-Seine, quand Moltke, jusqu'au 30 août,
avait le sien à Cologne et, pendant la Marne, à
Luxembourg ! Mais, dès le 8 septembre, Moltke ne
croyait plus à la victoire, ce qui explique que bien
avant le 11, où il vint à Reims signer l'ordre de
repli général, il ait fait procéder aux replis partiels
de la II⁰ et de la I⁰ armée. Le Kronprinz, si dur
pour les généraux de son père, dont il a dit qu'ils
n'eussent pas perdu la bataille s'ils « avaient eu plus
de sang-froid », aurait pu réserver une partie de
sa sévérité pour le grand État-Major siégeant à
Luxembourg qui ne paraît pas avoir été beaucoup
plus maître de ses nerfs. Mais tout le monde en
Bochie avait perdu la tête. Kluck lui-même avoue
qu'il ne laissa pas d'être vivement impressionné
par le *raid* audacieux qu'exécuta sur ses derrières,
dans l'après-midi du 8 et les jours suivants [1], la
5⁰ division de cavalerie commandée à titre provisoire par le général de Cornulier-Lucinière. L'armée
Maunoury — Kluck pourtant a raison sur ce point
— ne s'en trouvait pas moins en assez fâcheuse
posture le soir du 9 : chefs et hommes, ignorant
que le mouvement de retraite de la I⁰ armée avait
commencé dans l'après-midi, croyaient qu'ils n'a-

---

1. C'est par erreur que Galliéni, dans ses *Mémoires*, dit le 9 :
« Le corps de cavalerie, passé le jour même [9 septembre] sous
les ordres du général Bridoux, tentera enfin la manœuvre qui
s'impose et que l'on attend vainement de lui depuis deux jours,
de prolonger l'action de la 6⁰ armée en recherchant les flancs
et les derrières de l'ennemi ». En réalité, c'est le 8 que Bridoux
succéda au général Sordet à la tête du corps de cavalerie, passant lui-même la 5⁰ D. C. à Cornulier-Lucinière qui se mettait
tout de suite en mouvement sur les derrières de l'ennemi par
les forêts de Villers-Cotterets et de Compiègne.

vaient plus qu'à mourir sur leurs positions, et ce
fut un éberluement sans égal quand ils apprirent,
le lendemain, que l'ennemi avait disparu.

Quelles que soient les causes de l'échec allemand
et qu'il provienne de la carence du grand État-
Major, de la mésintelligence et de la présomption
des chefs ou de l'amplitude démesurée donnée au
mouvement de conversion des troupes, amplitude
qui obligeait leur dispositif de marche à revêtir une
forme presque linéaire et absorbait d'avance la
totalité des réserves, c'est un fait indéniable que
cet échec, et c'est un fait aussi, et non moins indéniable, que l'Allemagne, tant qu'elle put, le con-
testa. Non que le grand État-Major allemand ou,
comme il aime à s'appeler, le Directoire supérieur
des Armées (*Oberste Heeres Leitung* et, par abrévia-
tion, l'O. H. L.) ignorât la vérité. Il la connaissait
d'autant mieux que la bataille de la Marne fut essentiellement une bataille d'États-Majors. Et les conséquences mêmes de notre victoire lui échappaient
si peu qu'un Moltke, suivant les uns, un Ludendorff,
suivant les autres, déclarait sans ambages au
Kaiser, le 1er octobre 1914, que « l'Allemagne,
vaincue sur la Marne, avait perdu la guerre ». Mais
ce sont là de ces aveux qu'on ne fait qu'entre soi
et toutes portes closes. « Au commencement était
le mensonge », dit le deuxième Faust de Gœthe.
Parole digne de fournir une devise à l'Etat-Major
allemand. Les fumées de ce mensonge purent obs-
curcir pendant quelque temps notre victoire : elles
ne l'en firent paraître que plus brillante quand elles
se furent dissipées.

II

LES DÉBUTS DE FOCH
A LA TÊTE DE LA 9ᵉ ARMÉE

A 4 heures de l'après-midi, le 29 août 1914, un ordre du généralissime faisait connaître qu'il était constitué, entre l'armée Lanrezac et l'armée de Langle, un détachement d'armée, comprenant le 9ᵉ corps (général Dubois), dont faisaient partie la division marocaine et la 9ᵉ division de cavalerie, le 11ᵉ corps (général Eydoux) et la 52ᵉ division de réserve (général Coquet).

Le chef pour qui venait d'être constitué ce détachement d'armée, bientôt transformé en armée et destiné à permettre l'extension de l'armée Lanrezac vers la droite, arrivait de Lorraine où il commandait le 20ᵉ corps. Il s'appelait Foch. Il n'était guère connu que des initiés par ses cours de l'Ecole de guerre et les deux livres puissants et rapides qui en étaient sortis : *De la conduite de la guerre* et *La manœuvre pour la bataille*. « C'est une très belle partie à un capitaine que de bien dire », opine quelque part Montluc, qui observe par ailleurs « qu'un homme qui a lu et retenu est plus capable d'exécuter de belles entreprises qu'un autre ». On peut être cependant un très bon soldat et un exécrable écrivain, comme il appert de Turenne. Et la réciproque aussi est vraie, comme nous le montre le pauvre Trochu. Le cas est plus rare d'un Foch qui, pour faire apprécier des connaisseurs ses mérites d'écrivain, n'a pas attendu que ses victoires des Marais de Saint-Gond, de l'Yser, de la Somme et de la seconde Marne, prélude de la débâcle allemande, lui ouvrissent à deux battants les portes du palais Mazarin. Le théoricien, chez lui, a précédé l'homme d'action et l'a préparé. Si, à première vue, par suite de l'arrivée tardive de Grossetti sur ses positions d'attaque et quand la retraite allemande était déjà commencée, la manœuvre de la 42ᵉ division, tant prônée, fait un peu l'effet d'un coup de poing dans le vide, il est bien remarquable cependant qu'on puisse trouver dans telles pages des *Principes de la Guerre* le dessin ou tout au moins l'idée maîtresse de cette manœuvre fameuse qui fonda la réputation militaire de son auteur et qui, à l'heure où elle fut conçue (le 8 au soir) et où Bülow, loin de vouloir se dérober, s'apprêtait à donner le plein de son effort dans la matinée du jour suivant, était bien la plus propre à conjurer le désastre dont nous menaçait l'effondrement d'Eydoux.

Pour le moment, sauf pour Castelnau et pour Joffre qui l'ont vu en Lorraine à la tête du 20ᵉ corps, Foch est stratégiquement un inconnu. Lui-même, quand il débarque avec son chef d'état-major, le colonel Weygand, au Q. G. de Joffre, ne sait rien ou presque rien de la situation générale. Nos troupes vivent en vase clos ; ce qui se passe à l'aile gauche est ignoré de l'aile droite. Le coup de tonnerre de Charleroi semble à peine avoir été perçu dans les Vosges. Et l'on imagine assez bien

Foch à la Marne.

l'entrevue des deux hommes : Joffre, avec ce flegme
supérieur dont il ne se départit en aucune cir-
constance, conduit Foch devant une grande carte
du nord-est de la France toute rayée de lignes con-
centriques qui descendent comme des ondes vers les
bassins de l'Oise et de l'Aisne. Si maître de lui qu'il
soit, Foch ne peut réprimer un sursaut : « Nous en
sommes là ! » Oui, nous en sommes là, et le ton
calme de Joffre, ses yeux droits, tranquilles, ce je
ne sais quoi de solide, de puissamment équilibré,
de magnifiquement inébranlable, qui se dégage du
grand chef, a déjà remis Foch d'aplomb. Ses instructions reçues, il demande où il doit rejoindre ses
troupes. Joffre fait un geste vague : « C'est votre
affaire. » Fort bien ! Et il est vrai que les flux et les
reflux de la bataille ne se prêtent pas à une démar-
cation précise : nos troupes sont en pleine action
de repli, mais d'un repli stratégique, coupé de con-
tinuels retours offensifs comme celui que la division
marocaine vient d'exécuter à Dommery pour briser
la dangereuse manœuvre d'enveloppement que
Hausen et ses Saxons tentaient contre la gauche de
la 4ᵉ armée. Que cette manœuvre réussit, au moment
où la 5ᵉ armée était obligée de battre en retraite sur
Vervins, et la route de Paris s'ouvrait toute grande
aux hordes du « Couteau de pierre » soudainement
insinuées entre l'armée Bülow et l'armée du duc de
Wurtemberg. L'ordre général du commandant de la
4ᵉ armée (Langle de Cary) constatant les heureux
effets de la contre-attaque du 9ᵉ corps sur Dommery
et du reste de l'armée sur la Meuse portait pour les
journées des 29 et 30 août :

« *Le Chesne, 28 août* 1914. — L'armée a infligé
hier et aujourd'hui à l'ennemi des pertes énormes.

Elle se porte sur la ligne de l'Aisne en exécution d'ordres reçus, pour se préparer à l'offensive dans de nouvelles directions... ».

Ces directions étaient, pour le 9ᵉ corps, la région Rethel-Château-Porcien-Vançon, par Poix-Terron et Launois; pour le 11ᵉ corps et la 60ᵉ division de réserve, la région Attigny-Ambly, par Omont et Tourteron; pour la 52ᵉ division de réserve, la région Tugny-Perthes, par Bouvellemont-Ecordal et Amagne.

L'entêtement d'Hausen à vouloir nous déborder obligeait bientôt de modifier ce dispositif : notamment le maintien du 9ᵉ corps dans la région Poix-Terron-Launois risquait de découvrir à nouveau le flanc gauche de l'armée, considération qui induisit son chef, avec l'assentiment du général de Langle, à essayer de devancer l'ennemi dans la vallée de l'Aisne. La chose d'ailleurs ne s'exécutait pas sans à-coup : un ciel torride, une marche épuisante et confuse dans un pays sans masque, sur une « route de crête très dangereuse », précise Moussy[1], et que l'encombrement des colonnes (« on est — à certains endroits — sur seize files ») rendait encore plus critique. Mais Dubois avait joué sous jambes son adversaire : tout finissait par se tasser et, à midi, le 29, quand Foch prenait possession de son commandement, le front Sorcy-Lucquy-Bertoncourt-Azincourt était à peu près organisé, l'accès de Rethel provisoirement interdit aux bandes saxonnes. Le chef du nouveau détachement d'armée occupait l'après-midi à étudier la situation avec le colonel Weygand. Bien

1. *Carnet de route*. Le général Moussy commandait une des brigades de la 17ᵉ division ou division Dumas (qu'il remplaça pendant la Marne par désignation du général Dubois).

loin, comme on l'a dit, que ces deux hommes qui ne
devaient plus se quitter de toute la guerre eussent
déjà partie liée, c'est le hasard d'une désignation
d'ordre supérieur qui les avait rapprochés : Foch
n'avait pas choisi son adjoint qui lui avait été imposé par le Grand Quartier Général et qui, d'ailleurs,
présentait cette particularité de n'être pas breveté
d'État-Major, bien qu'il eût été admis, l'année précé-
dente, à suivre les cours du Centre des Hautes-
Études militaires.

Lieutenant-colonel de hussards, Maxime Weygand
avait la tête froide et l'énergie concentrée de cette
race strasbourgeoise à laquelle il se rattache par ses
racines les plus profondes : chez Foch, tout de premier mouvement, qui saisit du premier coup d'œil
le point faible de l'adversaire, qui ne tâtonne pas
et sait l'heure et l'endroit où son attaque, poussée
à fond, a le plus de chance de l'ébranler, il semble
au contraire que tout se passe comme chez les inspirés, par illuminations soudaines, et nul homme
de guerre en effet, pour avoir longtemps médité sur
la partie matérielle de son art, n'en a peut-être pos-
sédé à ce degré la « partie divine ». Ainsi bâtis
l'un et l'autre et aussi dissemblables de caractère
que de physique, l'espèce de sympathie élective
qui s'établit dès le premier jour entre le général et
son chef d'état-major et qui finit par une communion
si parfaite ne peut être comparée qu'à celle de certaines couleurs pour leurs complémentaires. A
10 heures du soir, ayant rassemblé tous ses éléments d'information, Foch dictait à Weygand son
premier ordre d'opérations : l'histoire, la psychologie
et la logique seraient en déroute, si ce premier
ordre du futur vainqueur des Marais de Saint-Gond

n'avait été un ordre d'offensive. C'en était bien un et aussi net, aussi tranchant, qu'on le pouvait souhaiter :

La division du Maroc, disait-il en substance, partant du front Novy-Bertoncourt, prendra pied sur la crête 103 « de manière que l'artillerie, faisant alors un bond en avant, puisse venir s'établir sur cette crête pour appuyer une attaque ultérieure sur Corny », par toutes les troupes disponibles de la division Dumas et la 9ᵉ division de cavalerie. A droite, en soutien, le 11ᵉ corps portera pour 7 heures ses têtes de colonne sur le front Chesnois-Auboncourt-Sorcy; la 52ᵉ division de réserve s'établira défensivement pour 5 heures sur la ligne Puiseux-côte 214-côte 236, etc.

La fatigue des hommes, le manque de cohésion de certains éléments hachés sur la Semoy et qui n'avaient pu encore se regrouper, des erreurs d'interprétation dues à l'heure tardive où fut expédié cet ordre ne lui permirent pas de recevoir sa pleine exécution : l'artillerie de la 17ᵉ division, à peine en batterie vers la cote 115, est contrebattue par une artillerie plus nombreuse et mieux nourrie; les canons lourds de l'ennemi fouillent nos fonds. La division marocaine gagne pourtant vers Bertoncourt qu'elle croit tenu par la 9ᵉ division de cavalerie. Mais cette division qui, la veille encore, avait ses avant-postes sur les berges marécageuses de l'Urfosse, s'est cherché d'autres cantonnements pour la nuit et, au moment où les coloniaux d'Humbert débouchent en vue de Bertoncourt, les lisières du village s'allument et couchent à terre leurs premiers rangs. Humbert doit aviser sur-le-champ et, pour commencer, faire appel à l'artillerie qui préparera

les voies à la brigade Blondlat chargée de l'attaque;
puis, après avoir détaché le capitaine d'état-major
Jumelle près du général de l'Espée, pour lui demander « d'intervenir le plus rapidement possible dans
le sens des ordres qu'il a reçus », il porte en couverture le régiment Cros à la gauche de la brigade
Blondlat. Dispositions excellentes et dont les effets
n'auraient pas tardé à se faire sentir, si la brigade
Moussy, de la division Dumas, qui avait atteint sans
trop de difficulté la grande route Rethel-Novy, d'où
elle devait progresser en direction de la lisière
sud-ouest de Bertoncourt, n'avait été mise, elle aussi,
dans l'obligation de marquer le pas et de se terrer
provisoirement, tant par suite de la carence de
la division de l'Espée que de l'impuissance de
sa propre artillerie à museler l'artillerie adverse
« étonnante d'à-propos et de justesse[1] ». Quand
la 9ᵉ division, vers 9 heures — trop tard — enta-
ma enfin son mouvement en direction de Rethel,
l'ennemi avait déjà pris pied sur tout le plateau.
L'Espée cherche le passage par Château-Porcien :
sans succès. Il recommence : nouvel échec. Mais
Humbert, ni Dumas ne renoncent. D'Auboncourt à
Lucquy, tout l'horizon flambe : des rafales d'obus
balaient le terrain crayeux et nu : les brigades
Blondlat et Moussy, accrochées à l'accore du plateau, n'en poursuivent pas moins, avec une admirable ténacité, sous « une chaleur écrasante »[2], l'inves-
tissement de la position. Si la division de l'Espée
ne leur prête qu'une aide lointaine et peu efficace en
apparence, elles trouvent un appui plus sérieux dans

1. Moussy. *Carnet de route.*
2. Moussy. *Ibid.*

Cɦ. Lᴇ Gᴏғғɪᴄ.   2

le 7º hussards, dont les deux escadrons, par la coulée du bas Sorcy, ont pu se faufiler sur le flanc gauche de l'ennemi et menacent ses communications. Que toutes les instructions de Foch eussent été exécutées à cette heure par le reste du détachement d'armée comme elles venaient de l'être par le 9º corps, et Corny tombait après Bertoncourt. Mais la 52º division, qui s'est mise en mouvement sur Chesnoy, ne bouge plus, comme brisée ; Eydoux ne parvient pas à se dégager de l'artillerie qui le bat de face et de flanc dans sa marche si lente vers Sorcy. A 3 heures de l'après-midi cependant, l'acharnement des brigades Blondlat et Moussy reçoit sa récompense : remarquablement soutenus par les groupes Martin et Geiger de l'artillerie marocaine, les bataillons coloniaux Vincent et Garilly font le bond décisif et parviennent à occuper la lisière ouest de Bertoncourt ; le bataillon Gouraud, du 68º, qui y laissera cinq officiers, s'empare à son tour de la lisière sud du village. Un flottement se dessine chez l'ennemi, en même temps que nos autres éléments d'attaque se sentent comme « aspirés » par l'allant merveilleux de leurs camarades de première ligne.

Sur la droite, qui a plus particulièrement à souffrir de l'inertie de la 52º division et des lenteurs du 11º corps, la situation sans doute est moins brillante : la brigade Eon, de la division Dumas, a dû lâcher Auboncourt, puis la ferme Bellevue ; l'ennemi débouche sur Faux qu'il couvre d'obus incendiaires. Une première contre-attaque l'arrête vers 10 heures et le refoule dans Auboncourt ; une seconde contre-attaque l'arrête encore un peu après midi. Mais les Boches se renforcent, tandis que nous luttons avec des effectifs de plus en plus réduits ; leur artillerie accélère son rythme, tandis que la nôtre, faute de munitions, doit modérer le sien. Faux, Lucquy brûlent. Avec ce qui reste du 135ᵉ et un bataillon du 32ᵉ, détaché de son corps qui opère en Lorraine, le colonel Eon tient bon dans ces brasiers. Il y tiendra jusqu'au bout. La faible avance de l'ennemi sur ce point est largement compensée d'ailleurs par les gains de Blondlat et d'Humbert au centre. Novy et ses hauteurs, les approches de la ferme Pornant, les lisières ouest et sud de Bertoncourt, la cote 148, durement conquises, nous appartiennent. Donc le plus difficile est fait et, contre un ennemi aux trois quarts ébranlé à son centre et qui ne paraît pas très bien calé sur son aile gauche, il suffirait d'une poussée de la 52ᵉ division, d'un coup d'épaule des rudes gars bretons du 11ᵉ corps. Dubois l'attend impatiemment, cette intervention : l'après-midi n'est pas si avancée qu'on ne puisse faire de bonne besogne dans les heures de jour qui restent. Et voilà qu'à son Q. G. de Chevrières arrive le commandant d'état-major Berthon. Est-ce enfin la nouvelle qu'Eydoux et Coquet s'ébranlent? C'est au contraire la nouvelle qu'ils se replient et que Dubois n'a plus à compter sur eux : Eydoux s'est enferré sur Auboncourt; Coquet sur Chesnois, situé « dans un fond bondé d'Allemands » qu'il a fait attaquer sans préparation d'artillerie et traverser par sa division qui a fini de s'y disloquer[1]. Il est « 14 h. 30 ».

---

1. « Le lendemain [30 août], à Ecordal, il nous fait attaquer Chesnois, placé dans un fond bondé d'Allemands, sans un coup de canon. Le sport a consisté à traverser ce village sous la fusillade intense partie des maisons closes et à rassembler les débris de la division en débandade après cette belle opération. J'ai vu tomber là bien des camarades inutilement » (Lettre du commandant M...).

On tient encore deux heures, « quand tous les autres ont lâché »[1], mais pour la forme, pour assurer le décrochage par échelon qui ne s'opère pas sans difficulté et qui aurait même tourné au désastre pour la brigade Moussy, sans la splendide abnégation des escadrons Montgaillard et Montaigu renouvelant sur les pentes de la cote 148 l'héroïque chevauchée à l'abîme des cuirassiers de Morsbronn. D'ordre de l'armée, le 9ᵉ corps, victorieux sur presque toute la ligne, doit abandonner ses conquêtes, chèrement payées par 2.000 hommes et 80 officiers hors de combat, et se replier avec le reste du détachement au sud de l'Aisne. La retraite continue derrière le fleuve : Joffre n'a pas jugé qu'il fût encore temps de l'arrêter.

Foch, qui a reçu peut-être les confidences du grand chef et qui sait en tout cas que la date du 2 septembre est celle qu'il a choisie pour le redressement de sa ligne, n'a pas lieu d'être surpris par cette détermination : il a attaqué, parce qu'il est dans son caractère d'attaquer, même en se repliant ; il a attaqué pour une autre raison encore, parce qu'une troupe ne se révèle véritablement que dans l'offensive et qu'il voulait éprouver dès la première heure la valeur des effectifs placés sous ses ordres. Il a pu apprécier en même temps le mérite respectif des chefs. La division marocaine, la 17ᵉ division, qui constituent le 9ᵉ corps[2], sont hors de pair et admirablement en main : Humbert, qui commande l'une,

---

1. Moussy : *Ibid.*

2. Constitution hétéroclite et provisoire : la 17ᵉ D. I. faisait seule partie organiquement du 9ᵉ corps avec la 18ᵉ laissée en Lorraine à la suite de notre échec sur Morhange et remplacée le 22 août auprès de Dubois par la division marocaine.

comptera jusqu'au bout parmi les grandes figures
de la guerre, mais il ne fait que d'entrer en ligne ;
J.-B. Dumas, qui commande l'autre et qui se bat
depuis le début de la campagne, va être appelé in-
cessamment à la tête du 17ᵉ corps ; leur chef à tous
deux est Dubois, homme d'initiative et tacticien con-
sommé, dont la contre-manœuvre de Signy-l'Abbaye
restera une des plus belles pages de la retraite. Le
11ᵉ corps, qui méritait mieux, est commandé par
Eydoux, qui, après la décisive épreuve des lignes
de Lenbarrée, n'occupera plus que des postes
subalternes ; la 52ᵉ division, désemparée, sans cohésion, réclame une main énergique et on croit la
trouver dans Battesti qui est « un ancien gendarme »
et qui, dans quelques jours (3 septembre), rempla-
cera l'incapable Coquet, relevé de son commandement ; la 9ᵉ division de cavalerie pourrait montrer
moins d'indépendance et tenir plus strictement les
consignes données à son chef : on l'enlèvera au
9ᵉ corps, dont elle dépend, et on la rattachera directement à l'armée. Il apparaît enfin à Foch que son
détachement n'a pas la densité nécessaire pour
s'étendre sur la gauche : il a demandé et on lui
envoie pour prolonger celle-ci une des meilleures
unités du 6ᵉ corps, la 42ᵉ division, qui reçoit elle-
même un nouveau commandant en la personne de
Grossetti, hier chef d'état-major du général Ruffey
et que sa carrure d'Hercule, son emprise merveilleuse sur le soldat et sa bravoure à toute épreuve
ont désigné au choix de Joffre. Embarquée la veille
à Verdun, la 42ᵉ division rejoindra le groupement à
11 heures du matin, le 31, où Foch, de son poste de
commandement de Machault, lui assignera comme
zone d'action et de stationnement provisoire la région

« entre la route Rethel-Reims (exclu) et le cours de l'Aisne ».

L'Aisne n'est là qu'à titre d'indication. On descend vers la Marne, mais, auparavant, il faut tenir quelques heures sur la Retourne. Plus ruisseau que rivière, la Retourne n'a aucune valeur stratégique. Foch le sait ; mais les instructions générales de Joffre recommandent d'utiliser tous les obstacles pour retarder la marche de l'ennemi, et le temps qu'on gagnera ainsi permettra peut-être à la 52ᵉ division de souffler et de se reconstituer sur la Suippe. Si précaire d'ailleurs que soit sa ligne et en chef qui ne livre rien au hasard, Foch entend qu'on s'y organise à fond. Dans la nuit du 31 août au 1ᵉʳ septembre il fait parvenir à ses lieutenants son ordre d'opérations pour le lendemain :

« En vue de couvrir le débouché de la 4ᵉ armée et en particulier du 12ᵉ corps sur la rive gauche de l'Aisne à Vouziers, le détachement d'armée organisera fortement la ligne de la Retourne sur laquelle elle aura à résister. On réquisitionnera au besoin des outils dans les villages et on emploiera les compagnies du génie pour l'organisation des centres de résistance. Il sera procédé en même temps à l'organisation de la ligne de l'Arnes et de la Suippe en aval de Béthéniville, ligne au sud de laquelle on poursuivra la reconstitution des divisions de réserve. »

Suivait l'indication des zones d'action et de stationnement pour chaque unité. La précaution était bonne, comme le prouvait bientôt l'acharnement de l'ennemi à essayer de forcer le passage. Mais cet ennemi, on le connaissait maintenant : la vertu de Foch avait opéré sur ses troupes et leur confiance renaissait peu à peu. « Avec du calme et de la patience, nous *les* aurons », écrivait Moussy à cette même date du 1ᵉʳ septembre. Contenu sur tout le front, l'ennemi, qui nous tâtait depuis 7 heures du matin et donnait son plein effort à 3 heures de l'après-midi, échouait dans toutes ses tentatives jusqu'au moment où, « pour se conformer aux ordres du commandant en chef » et la 4ᵉ armée devant exécuter, le 1ᵉʳ septembre, « un mouvement ayant pour résultat d'amener ses têtes de colonne sur la ligne Séchault-Somme-Py », il était enjoint au détachement de se décrocher afin de « conserver sa liaison avec cette armée » et de « suivre son mouvement ».

On arrivait ainsi à cette journée du 2 septembre qui était la date primitive à laquelle le commandant en chef devait engager la bataille générale prévue par son instruction du 25 août. Mais, dans l'intervalle, Joffre s'était ravisé. Il en donnait sommairement les raisons dans son instruction nᵒ 4 du 1ᵉʳ septembre, confirmée et rectifiée, quant à la zone d'arrêt fixée aux armées, par la note nᵒ 3463 du 2 septembre[1]. L'ordre nᵒ 11, lancé à la même date et

---

1. **Instruction générale nᵒ 4 [du 1ᵉʳ septembre].**

I. — Malgré les succès tactiques obtenus par les 3ᵉ, 4ᵉ et 5ᵉ armées dans la région de la Meuse et à Guise, le mouvement débordant effectué par l'ennemi sur l'aile gauche de la 5ᵉ armée, insuffisamment arrêté par les troupes anglaises et la 6ᵉ armée, oblige l'ensemble de notre dispositif à pivoter autour de notre droite. Dès que la 4ᵉ armée aura échappé à la menace d'enveloppement prononcée sur sa gauche, l'ensemble des 3ᵉ, 4ᵉ et 5ᵉ armées reprendra l'offensive.

II. — Le mouvement de repli peut conduire les armées à se retirer pendant un certain temps dans la direction générale nord-sud. La 5ᵉ armée à l'aile marchante ne doit en aucun cas laisser l'ennemi saisir sa gauche ; les autres armées, moins pressées dans l'exécution de leur mouvement, pourront s'arrêter, faire

destiné aux troupes, se bornait à la simple constatation du repli, mais en y ajoutant un certain nombre de prescriptions impératives propres à rassurer les impatients et à leur montrer que la pensée du chef, constante avec elle-même, n'avait varié que sur la date où elle devait recevoir son exécution :

« Une partie de nos armées, disait ce document, face à l'ennemi et saisir toute occasion favorable pour lui infliger un échec. Le mouvement de chaque armée doit toutefois être tel qu'il ne découvre pas les armées voisines, et les commandants d'armée devront constamment se communiquer leurs intentions, leurs mouvements et leurs renseignements.

III. — Les lignes séparant les zones de marche des différentes armées sont les suivantes : *Entre la 5° et la 4° armée* (détachement Foch) : route Reims-Epernay (à la 4° armée), route Montmort-Sézanne-Romilly (à la 5°, armée). *Entre la 4° et la 3° armée*, route Grandpré-Sainte-Menehould-Revigny (à la 4° armée). Dans la zone affectée à la 4° armée, le détachement d'armée du général Foch se tiendra en liaison constante avec la 5° armée ; l'intervalle compris entre ce détachement et le gros de la 4° armée étant surveillé par les 7e et 9° divisions de cavalerie, relevant de la 4° armée et appuyées par des détachements d'infanterie fournis par cette armée. La 3° armée effectuerait son mouvement à l'abri des Hauts-de-Meuse.

IV. — On peut envisager comme limite du mouvement de recul, et sans que cette indication implique que cette limite doive être forcément atteinte, le moment où les armées seraient dans les situations suivantes : un corps de cavalerie de nouvelle formation, en arrière de la Seine, au sud de Bray ; 5° armée en arrière de la Seine, au sud de Nogent-sur-Seine ; 4° armée (détachement Foch), en arrière de l'Aube, au sud d'Arcis-sur-Aube ; 4° armée (gros) en arrière de l'Ornain, à l'est de Vitry ; 3° armée (au nord de Bar-le-Duc). La 3° armée serait, à ce moment, renforcée par les D. R. qui abandonneraient les Hauts-de-Meuse pour participer au mouvement offensif. Si les circonstances le permettent, des fractions des 1re et 2e armées seraient rappelées en temps opportun pour participer à l'offensive ; enfin, les troupes mobiles du Camp retranché de Paris pourraient également prendre part à l'action générale. Le général commandant en chef, signé : Joffre. — P. A. L'aide-major général. Signé : Belin.

Note pour les commandants d'armée
[du 2 septembre].

Le plan général d'opérations, qui a motivé l'envoi de l'instruction n° 4, vise les points suivants : *a)* Soustraire les armées

se replient, pour resserrer leur dispositif, recompléter leurs effectifs et se préparer avec toutes chances de succès à l'offensive générale que je donnerai l'ordre de reprendre dans quelques jours.

« Le salut du pays dépend du succès de cette offensive, qui doit, en concordance avec la poussée de nos alliés russes, rompre les armées allemandes que nous avons déjà sérieusement entamées sur différents points.

« Chacun doit être prévenu de cette situation et tendre toutes ses énergies pour la victoire finale.

« Les précautions les plus minutieuses, comme les mesures les plus draconiennes, seront prises pour que le mouvement de repli s'effectue avec un ordre complet, pour éviter les fatigues inutiles.

« Les fuyards, s'il s'en trouve, seront pourchassés et passés par les armes.

« Les commandants d'armée feront donner des ordres aux dépôts, pour que, d'urgence, ceux-ci envoient aux corps le nombre, très largement calculé, des hommes nécessaires pour compenser les pertes faites et celles à prévoir dans les prochaines journées.

à la pression de l'ennemi et les amener à s'organiser et à se fortifier dans la zone où elles s'établiront en fin de repli. *b*) Établir l'ensemble de nos forces sur une ligne générale marquée par Pont-sur-Yonne, Nogent-sur-Seine, Arcis-sur-Aube, Brienne-le-Château, Joinville, sur laquelle elles se recompléteront par les envois des dépôts. *c*) Renforcer l'armée de droite par deux corps prélevés sur les armées de Nancy et d'Epinal. *d*) A ce moment, passer à l'offensive sur tout le front. *e*) Couvrir notre aile gauche par toute la cavalerie disponible entre Montereau et Melun. *f*) Demander à l'armée anglaise de participer à la manœuvre : 1° en tenant la Seine de Melun à Juvisy ; 2° en débouchant sur le même front lorsque la 5° armée passera à l'attaque. *g*) Simultanément la garnison de Paris agirait en direction de Meaux. Le général commandant en chef, signé Joffre. — P. A. Le major général. Signé : Belin.

« Il faut que les effectifs soient aussi complets que possible, les cadres reconstitués par des promotions, et le moral de tous à la hauteur des nouvelles tâches, pour la reprise du mouvement en avant qui nous donnera le succès définitif. » Signé : « Joffre. »

Quand nous ne posséderions pas les textes de l'instruction n° 4 et de la note n° 3463, l'ordre qu'on vient de lire suffirait à prouver que, dans la pensée du chef, l'offensive générale n'était pas renvoyée *sine die*, comme on l'a prétendu, mais reculée seulement de « quelques jours ». La sévérité de certains paragraphes de cet ordre n'était pas non plus chose si nouvelle et Joffre n'y faisait qu'appliquer à la troupe la doctrine qui lui avait dicté sa note de service du 13 août 1914, lancée de Neufchâteau et concernant les généraux et chefs de corps :

« Dans les engagements partiels qui se sont produits jusqu'à présent, disait cette note qu'on trouvera publiée ici pour la première fois, nos troupes de toutes armes ont fait preuve des qualités d'endurance, de courage et d'entrain que nous attendions d'elles. Elles se sont montrées nettement supérieures à celles de l'ennemi et, presque toujours, nous avons obtenu des succès. Sur quelques points cependant, les résultats n'ont pas été conformes à ce que nous espérions : la faute en est uniquement imputable au commandement. J'ai déjà pris des mesures et relevé de leurs fonctions un commandant de corps d'armée et deux commandants de division. Si vous avez constaté ou si vous constatez parmi les généraux et chefs de corps sous vos ordres la moindre défaillance, je vous prie de me signaler d'urgence ces officiers qui seraient immé-

diatement remplacés, sans préjudice des sanctions
plus graves qui pourraient être prises contre eux.
Dans les heures graves que nous traversons, il ne
doit plus être question d'indulgence ; le succès
complet ne sera obtenu que si les qualités de nos
troupes sont exploitées par des chefs ayant du
caractère et la volonté de vaincre à tout prix. Vous
me signalerez également d'urgence les généraux ou
chefs de corps qui ont déjà fait ou feront preuve de
ces qualités, pour que je puisse immédiatement
leur donner des lettres de commandement leur permettant, quelle que soit d'ailleurs leur ancienneté
relative, de remplir les emplois qui deviendront
vacants. » Signé : « Joffre. »

Le généralissime, on le voit, n'a pas deux poids
et deux mesures. Impitoyable pour les soldats
sans courage, il l'est également pour les chefs
sans initiative ni autorité.

La retraite continue donc et se poursuivra jusqu'à
ce que les troupes aient atteint une ligne générale
fixée par la note 3463 et « marquée par Pont-sur-
Yonne, Nogent-sur-Seine, Arcis-sur-Aube, Brienne-
le-Château, Joinville ». C'est l'affaire d'une semaine
au plus, temps compris pour s'installer solidement
sur les nouvelles positions... A cette date du
2 septembre, qui s'annonçait comme devant être
une date historique et qui fut une journée si
« calme », il n'y aura guère à signaler pour le
détachement d'armée, avec la nomination à titre
provisoire du général Moussy au commandement
de la 17ᵉ division, où il remplace le général
Dumas « appelé à d'autres fonctions », que le
prêt fait à Foch, pour vingt-quatre heures, d'une
fraction du 10ᵉ corps (le 41ᵉ R. I., colonel Passaga)

qui opère à sa droite et qui lui est détaché sur sa demande en soutien d'artillerie. Le fait n'aurait aucune importance en soi, si l'on n'y pouvait voir l'indication et comme la première esquisse de la coopération autrement importante prêtée à la 9° armée le matin du 9 septembre par ce même 10° corps qui, en relevant la 42° division sur ses positions, permit à Foch d'exécuter sa célèbre manœuvre de flanc en direction de Fère-Champenoise et d'OEuvy.

Déjà renseigné sur notre « capacité de résistance » par les divers « coups de boutoir » qu'il avait reçus de nous au cours de la retraite, l'ennemi, depuis que nous étions entrés en Champagne et tout en nous tâtant çà et là par ses uhlans, ne montrait pas un grand désir de reprendre le contact. Bülow marchait sur Reims ; Hausen sur Châlons, mais sans y mettre l'un et l'autre l'effarante vélocité de Kluck, qui tout justement aurait dû régler sa marche sur celle de Bülow et qui le devançait au lieu de le suivre, le débordait au lieu de le flanquer. Visiblement les montres des hauts commandants de l'armée allemande ne marquaient plus la même heure et, quant au cadran de l'O. H. L. ou Directoire supérieur, ses aiguilles avaient continué à tourner après Charleroi, comme s'il n'y avait pas eu dans l'intervalle Guise, Signy l'Abbaye et la Meuse. Bülow, à qui Moltke faisait connaître par radio que la « prise de Reims » serait « désirable dès le 2 septembre », n'arrivait péniblement qu'à Fismes dans la soirée et n'entrait dans Reims que le 4. Les rapports allemands, systématiquement optimistes jusqu'au 6, étaient unanimes pourtant à constater la désorganisation croissante de l'armée française. « Comme indices à ce sujet, écrivait Bülow le 3[1], on peut à bon droit tenir compte des grandes quantités d'équipements et de munitions abandonnées le long des routes de retraite et sur les emplacements de batteries évacués. Le C. C. Richthoffen signale qu'un bataillon de zouaves s'est dispersé aux premiers coups de canon en jetant bas armes et bagages. » On aimerait connaître le matricule de ce bataillon qui était peut-être de ceux qui fondirent quelques jours plus tard avec un si magnifique entrain, la baïonnette haute, sur les redoutes allemandes de Congy et d'Oyes. A la vérité les bois de pins dont cette région de la Champagne est toute fourrée offraient les meilleurs défilements à notre infanterie ; il n'était pas aussi aisé d'y faire filtrer l'artillerie et les convois, qui devaient emprunter les routes où ils étaient tout de suite repérés. L'artillerie de la 17º division avait subi de ce chef, le 1er septembre, des pertes assez sensibles avant de franchir la Suippe. Cependant, à notre extrême droite, le 41º régiment, par Hermonville et Rouilly, se dirigeait fort paisiblement sur Tillois ; la 42º division n'était pas plus inquiétée dans sa marche sur Fresnes et La Neuvillette. On ne souffrait que de la chaleur, particulièrement accablante dans les fonds, d'où montait une vapeur dorée qui enveloppait tout le paysage et faisait à l'énorme vaisseau de la catédrale de Reims, seul visible sur l'horizon, comme un nimbe d'ardente spiritualité. « L'air est en ébullition, dit le Dr Georges Vaux, attaché au 2º bataillon du 41º[2]... On somnole. On ne peut se

1. *Mon rapport sur la bataille de la Marne.*

2. *En suivant nos soldats de l'Ouest.* Oberthur, Rennes.

croire à la guerre, car on n'entend pas un coup de canon, pas un coup de fusil. » Et c'est ainsi qu'on atteignit la ville du sacre.

Était-ce la « base » cherchée par Joffre ? Les non-initiés le croyaient. Ce vaste camp retranché, avec ses forts détachés de Fresnes, de Witry, de Béru, de Nogent-l'Abbesse, de la Pompelle, de Saint-Thierry, surtout de Brimont, paraissait imprenable. Ils bastionnent la ville comme autant de gigantesques brise-lames : bétonnés, cuirassés, garnis de pièces lourdes, ils pouvaient apporter l'appui le plus efficace à l'armée qui se déploierait autour d'eux ; même si celle-ci continuait son mouvement de repli, ils avaient encore un rôle utile à jouer, comme Liége, Namur et Maubeuge, en obligeant l'ennemi à les masquer par d'assez gros détachements, ce qui diminuerait d'autant ses disponibilités au jour de la bataille. Le 1er septembre, dès son arrivée à Ceray-les-Reims, le commandant du 9e corps tentait de se mettre en rapport avec le gouverneur de la place. Mais déjà cet officier général et son état-major avaient été dirigés sur l'arrière et il ne restait à son poste que le commandant de l'artillerie du front Est, lequel n'avait pas d'ordres. Ce silence des forts, l'écoulement de nos troupes, les raids des uhlans, le travail souterrain des espions, qui n'étaient nulle part aussi nombreux et aussi remuants qu'à Reims, avaient jeté l'alarme dans la région dont toutes les routes s'encombraient de fuyards. Et, dans l'après-midi du 2, au milieu de ce « tohu-bohu », on avait la surprise de voir deux autos allemandes pénétrer dans la ville avec des parlementaires.

« Ce sont les généraux von Arnim et von Kummer,

lit-on dans le carnet de route d'un officier supérieur de la 42ᵉ division [1], qui viennent demander à la ville une indemnité de guerre de deux millions pour lui éviter le bombardement. Une femme du peuple gifle un des généraux qu'on fait rentrer dans la mairie. Mais pourquoi ces parlementaires ont-ils des armes dans leurs voitures, n'ont-ils pas les yeux bandés et ne se sont-ils pas arrêtés aux avant-postes ? Je ne sais ce qu'il advint d'eux, mais Margot [colonel du 94ᵉ R. I. de la 42ᵉ D.] envoya ses hommes en tenue très propre pour *crâner* devant les Boches. Le général commandant à Reims ayant refusé de les recevoir, on envoya un colonel d'artillerie fort piteux s'entretenir avec eux, tandis que ces généraux marquaient fort bien... »

La veille, assez tard dans la soirée, ordre était venu du Grand Quartier de désarmer les forts, « en emmenant tous les canons mobiles et en mettant hors de service ceux sur plate-forme ». Cet ordre devait être exécuté le 2 au matin. Il y eut ce jour-là, nous l'avons dit, une espèce de trêve qui s'étendit à presque toute l'aile gauche de l'armée française : l'ennemi, qui connaissait peut-être les intentions premières de Joffre, mais qui ne savait pas qu'il s'était ravisé, s'imaginait-il que nous allions passer à l'attaque et se tenait-il prudemment sur l'expectative ? On l'a supposé, mais le rapport de Bülow, si sec et si linéaire d'ailleurs, ne laisse rien voir de semblable ; il y est même question d'une brigade française que « le Xᵉ C. R., appuyé par le Iᵉʳ C. C., dispersa » et qui devait avoir une vertu de résistance peu commune pour qu'une si petite unité ait exigé

1. Commandant de Bontin.

contre elle la coopération de deux corps d'armée. Il est possible, au surplus, que quelques accrochages se soient produits çà et là, mais ils n'eurent pas de conséquences et, pour le détachement d'armée Foch, cette journée du 2 septembre fut en tout cas une journée de pleine détente. Le matin seulement on lui fit faire une petite conversion qui porta ses gros un peu plus au sud, sur la ligne Reims-Berru-Beine-Maronvilliers. Foch profita de ce relâche inespéré pour procéder au regroupement de ses unités et à la reconstitution de leurs cadres. Les ouvrages avancés de la place n'avaient pas sauté encore : Fresnes et Brimont, tenus par les éléments de la 42° division, venaient seulement d'être évacués par eux. Quand le détachement d'armée quitta Reims le 3 septembre, à 1 h. 30 du matin, accompagné dans sa marche par les sourdes détonations des forts et de la gare qui sautaient derrière lui, il présentait la plus remarquable homogénéité et n'avait plus, pour faire figure d'armée, qu'à en recevoir le titre qui devait lui être conféré le lendemain[1].

Rien d'ailleurs, ni le 3, ni le 4, ne gêna nos hommes dans leur repli : la manœuvre vers le sud se poursuivait d'un cours régulier, et c'est à peine si les arrière-gardes échangeaient quelques coups de fusil avec les patrouilles de uhlans[2]. Les batteries,

1. En même temps, l'armée Foch recevait un nouvel élément détaché de l'armée de Langle : la 60° division de réserve (général Joppé), et Joffre dirigeait vers elle, de Lorraine, la 18° division (général Lefebvre), antérieurement partie organique du 9° corps, mais qui, débarquée à Troyes le 6 au soir, sera portée le lendemain en soutien d'Eydoux.

2. C'est ce que confirme nettement le rapport de Bülow : « Bien qu'au prix d'un effort considérable demandé à toutes les troupes, la 2° armée eût continué le 3 septembre la poursuite de l'ennemi jusqu'à la Marne, on ne réussit pas à accrocher

en position sur toutes les hauteurs, surveillaient les mouvements de l'ennemi. On savait qu'il avait passé la Marne à Châlons et à Port-à-Binson. On lui avait livré sans combat « cette coupure d'une force si exceptionnelle », pour parler comme Bülow, et, chez quelques sceptiques qui voyaient avec étonnement le généralissime négliger ainsi toutes les défenses naturelles et abandonner l'un après l'autre à leur destin tous nos camps retranchés du Nord et de l'Est, Reims, Verdun et Paris après Maubeuge, la Fère et Laon, demain peut-être le Grand-Couronné et Toul, la croyance commençait à s'ancrer qu'on « lâcherait la Seine, comme on avait lâché la Meuse, l'Aisne et la Marne » et qu'on allait tout simplement « chercher l'adossement du Plateau Central ». Le 5 septembre encore, alors que Joffre avait pris sa décision, le mouvement de retraite continuait sur toute la ligne : c'est ainsi que, dans le détachement d'armée Foch, devenu la 9° armée, la 42° division, par Soisy-en-Brie, Coizard, Broussy-le-Grand, se dirigeait sur Pleurs ; le 9° corps se portait sur Gourgançon ; le 11° sur Sommesous ; la 52° division sur Plancy, etc. Foch avait dû être avisé cependant, au moins en gros, des intentions du généralissime, car, à 6 h. 45, de Fère-Champenoise, que venaient d'atteindre les têtes de colonne de la 17° division, il mandait à Dubois :

« En vue de réaliser un dispositif permettant de passer à l'offensive le 6 septembre, le 9° corps d'ar-

encore une fois l'adversaire au nord de cette rivière ; il livra même sans combat cette coupure d'une force si exceptionnelle, de telle sorte que l'impression se fortifia de plus en plus que la retraite des Français avait revêtu partout le caractère de la fuite. Le Q. G. A. fut porté ce jour-là à Fère-en-Tardenois ».

Cu. Le Goffic.   3

mée arrêtera sa marche de façon qu'aucun de ses éléments combattants ne dépasse au sud la ligne Connantré-OEuvy. Il maintiendra ses arrière-gardes sur la ligne Aulnay-aux-Planches-Morains-le-Petit-Ecury. La 52e division sera maintenue dans la région Corroy-Courcelles, au sud de la Maurienne. » Signé : « Général FOCH. »

Des ordres analogues sont donnés aux chefs du 11e corps, de la 42e division d'active, des 52e et 60e de réserve et de la 9e de cavalerie. C'est la limitation du repli en vue d'une offensive imminente, mais dont il semble que Foch ne connaisse pas très bien encore le thème, ce qui explique que le mouvement se poursuive dans la plupart des unités jusqu'à 11 heures du matin, pour certaines même jusqu'à midi, heure à laquelle enfin, par des instructions expédiées à 10 h. 30 de Fère-Champenoise, Foch les pousse résolument en avant : le 9e corps, devant attaquer en direction générale Sézanne-Montmirail, occupera, dès le soir même, par de fortes avant-gardes, Congy et Toulon-la-Montagne ; le 11e corps, avec la 60e D. R. en soutien, s'étendra de Morains-le-Petit à Sommesous ; la 42e division fera face au nord par Soizy et Chapton ; la division de l'Espée, en liaison avec la division d'infanterie Legrand, de l'armée de Langle, bouchera l'hiatus du camp de Mailly ; la 52e D. R. organisera les crêtes sud des Marais...

Bülow et Hausen, qui venaient de recevoir l'ordre d'orienter leur front vers Paris, ce qui changeait tout leur dispositif de manœuvre, avaient atteint déjà, en certains endroits, la rive septentrionale de cette grande fosse verdâtre et, s'il n'était pas trop tard pour couvrir les Marais, gardés à l'Ouest et au Sud par les hauteurs de Mondement, d'Allemant et du Mont-Août, il était plus difficile de s'ouvrir passage au delà, même en occupant Mont-Toulon et les crêtes voisines, commandées par les puissantes articulations qui se déploient en arc de cercle de Bayes au Mont-Aimé. Foch n'a pas choisi son terrain : il doit s'accommoder à la nature des lieux qui lui impose une bataille de défensive. C'est par une illumination de génie que le 8 au soir, accablé sous des forces disproportionnées, il imaginera cette rocade de la 42º division aux conséquences immédiates de laquelle Bülow put bien parer par sa brusque évasion, mais dont l'effet moral fut prodigieux sur nos troupes du 9º corps et, en bouchant la brèche de notre flanc droit, leur communiqua l'élan nécessaire pour se jeter aussitôt sur les talons de l'ennemi et lui enlever Fère-Champenoise dans la nuit même du 9 au 10.

III

LES PRÉLIMINAIRES DE LA MARNE

Le 2 septembre était, on le sait, la date primitive à laquelle Joffre devait engager la bataille prévue par son instruction générale du 25 août. Le 1er septembre il faisait connaître à ses lieutenants que la date était remise ; le 2, ceux-ci recevaient communication de la note 3463, puis de l'ordre n° 11 cité plus haut. Le premier de ces documents contenait un exposé succinct des raisons qui avaient déterminé Joffre à continuer la retraite : une note personnelle publiée par M. Hanotaux et adressée par le généralissime au ministre de la Guerre à la date du 3 septembre les reprenait, les développait, et c'est à cette note surtout qu'il convient de recourir pour entrer dans la pensée du futur vainqueur de la Marne.

La principale et la meilleure des raisons invoquées par l'auteur pour expliquer sa détermination était « le rapide recul de l'armée anglaise effectué trop tôt et trop vite », recul qui « avait empêché l'entrée en jeu de l'armée Maunoury dans de bonnes conditions et compromis le flanc gauche de l'armée Lanrezac ». Tout accrochage décisif devenait ainsi très dangereux. Joffre préférait donc prendre encore du champ jusqu'au moment où, « en liaison avec les Anglais et avec la garnison de Paris » et « en utilisant sur certaines parties du front les organisations défensives préparées », il pourrait « assurer la supériorité numérique dans la zone choisie pour le principal effort ».

Ce n'est un mystère aujourd'hui pour personne — et ce n'en était pas un dès cette époque pour le ministre et pour les lieutenants de Joffre — que cette zone se trouvait derrière la Seine, sur une ligne jalonnée approximativement par Pont-sur-Yonne, Nogent-sur-Seine, Arcis-sur-Aube, Brienne-le-Château et Joinville. De n'importe lequel de ces points au plateau de Langres il y a une belle marge. Et, plutôt que de prêter à Joffre des intentions qu'aucun texte n'appuie, il serait plus équitable et plus raisonnable de se demander si une bataille livrée sur la Seine était pour cela même une bataille où le camp retranché de Paris et la 6ᵉ armée (Maunoury) n'avaient aucun rôle à jouer. Rien ne permet de le penser et c'est abuser un peu de notre crédulité de donner comme preuve de l'opinion contraire que Joffre avait transporté son Quartier Général à Châtillon-sur-Seine [1]. Aussi bien la conclusion de la note publiée par M. Hanotaux précise-t-elle que l'offensive nouvelle se fera « en liaison avec les Anglais et avec la garnison de Paris ». Pour la garnison de Paris, qui brûlait d'entrer en action, le difficile était plutôt d'assoupir que d'attiser ses ardeurs ; mais pour les Anglais qui, tout en se repliant, ne cessaient de regarder

---

1. Général H. Le Gros : *la Genèse de la bataille de la Marne ;* lieutenant-colonel Mayer, *Progrès civique* du 7 février 1920 ; général de Maud'huy, *Gaulois* du 17 juillet 1920.

vers le Détroit, c'était, comme disent les plaisants, une autre paire de manches, et leur concours semblait beaucoup plus incertain.

On peut parler net aujourd'hui, même aux Anglais qui ont fini par se rendre à la nécessité du commandement unique, combattu jusqu'au dernier moment dans leur presse par des hommes comme le colonel Repington. C'est leur honneur sans doute d'avoir accepté d'en faire un premier « essai loyal », mais sans caractère officiel, lors de l'offensive de 1917 sur le Chemin des Dames et, malgré l'échec de l'offensive, dû à des causes plus politiques que militaires, de ne s'être pas laissé prendre aux apparences et d'avoir insisté un an plus tard, à Doullens, près de M. Clemenceau, — qui se fût volontiers satisfait à moins, — pour l'institution d'un généralissimat des troupes alliées sur le front occidental[1]. Volte-face aussi complète qu'on le pouvait souhaiter ! En 1914, l'éventualité d'une pareille subordination des troupes britanniques à un commandement français n'était même pas envisagée, tant elle répugnait à l'esprit de la race[2]. S'il arrivait que notre presse en discutât, on lui répondait qu'elle n'y entendait goutte, que la supériorité de nos ennemis venait beaucoup moins de la centralisation de tous les pouvoirs aux mains du Grand Quartier allemand que de leur forte discipline

1. V. les déclarations du maréchal Foch dans le *Matin* du 8 novembre 1920 et l'article de M. Stéphane Lauzanne dans le même journal du 13.

2. « Votre commandement est entièrement indépendant et *vous ne serez jamais, en aucun cas et dans aucun sens, sous les ordres d'un général allié* ». (Instructions données par le gouvernement anglais au maréchal French et publiées par celui-ci dans son *1914.*)

et de leur conception scientifique de la guerre.

« Un généralissime améliorerait-il cet état de choses ? demandait le colonel Repington. Ses ordres seront bien reçus pour autant qu'ils seront agréables à ceux à qui ils seront donnés ; mais qu'arriverait-il si les ordres donnés étaient désapprouvés par le chef d'État-Major et le cabinet de guerre britanniques ? Rapidement il y aurait des frictions. Une armée peut être battue sous les ordres de ses propres chefs, alors qu'elle ne supporterait pas la défaite sous les ordres d'un général étranger. »

Notre échec de Charleroi, dû pourtant en partie à l'intervention tardive des troupes anglaises [1], n'avait pas été pour affaiblir cette manière de voir. Tout de suite le maréchal French avait fait montre d'une indépendance d'esprit qui, sans le caractère conciliant de Joffre, sa patience à toute épreuve, eût entraîné les plus graves conséquences. Décimée à Mons et au Cateau, enveloppée dans la retraite de Lanrezac, l'armée anglaise gardait rancune au commandement français de cet échec initial qui avait failli ouvrir la campagne par un désastre : sans

---

1. On sait qu'avisé, le 16 août 1914, à 2 h. 25 de l'après-midi, par le général Joffre, que le général Lanrezac avait « reçu mission d'opérer contre le groupe allemand du Nord, de concert avec les deux armées anglaise et belge », le maréchal French répondait à Lanrezac le 17 qu'il était au regret, mais qu'il ne pourrait pas mettre son armée en marche avant le 24 et il refusait en même temps de joindre son corps de cavalerie à celui du général Sordet, sous prétexte que n'ayant que deux corps d'armée au lieu de trois, il voulait garder sa cavalerie comme réserve. V. là-dessus et pour ce qui suit la remarquable, mais un peu tendancieuse étude du général Lanrezac : *le Plan de campagne français et le premier mois de la guerre.* Il est indiscutable qu'il n'a pas dépendu de Lanrezac que Charleroi ne fût une victoire et que, tant dans l'offensive que dans l'organisation du repli, le chef de la 5⁰ armée montra les plus hautes qualités militaires.

examiner si les quatre ou cinq jours perdus par elle à garnir ses cantines et à polir ses buffleteries n'avaient pas été utilisés par l'ennemi pour renforcer ses troupes de couverture, elle reprochait à notre État-Major de ne s'être pas mieux renseigné sur la densité des effectifs contre lesquels on la jetait. Le résultat de ce déplorable malentendu ne tardait pas à se faire sentir, le 29 août, devant Saint-Quentin où la 5° armée devait attaquer à 5 heures du matin en liaison avec le 1er corps anglais du général Douglas Haig. A la requête de ce dernier, l'attaque est reportée à 9 heures : Lanrezac modifie ses dispositions en conséquence, quand, dans la nuit, nouveau message téléphonique de Haig, mandant que le 1er corps ne pourra participer à l'offensive sur Saint-Quentin, comme il était convenu, le maréchal French ayant subitement décidé que le 29 août serait jour de repos général pour l'armée anglaise.

Est-ce à cette occasion que fut prononcé le mot de « félonie », auquel le vainqueur de Guise attribua sa disgrâce qui eut peut-être des causes plus profondes et notamment sa complète divergence de vues, affirmée au cours de maints conseils, avec le généralissime et son État-Major, — d'où la boutade un peu vive du grand chef à l'issue d'un de ces conseils où sa patience avait été plus particulièrement mise à l'épreuve : « Il n'y a qu'à le fusiller ou à lui céder la place » ? Lanrezac, quoi qu'il en soit, dut abandonner son commandement, sans qu'il parût que cette satisfaction eût désarmé complètement les préventions de nos Alliés, à qui Joffre pourtant s'était hâté d'en faire part[1]. Il arrivait couram-

1. «... J'ai l'honneur de vous confirmer la nouvelle que je

ment, pendant la retraite et avant que la Marne
n'eût lavé l'échec de Charleroi, que des officiers
anglais, tout en rendant justice à l'héroïsme du trou-
pier français, fissent en public des gorges chaudes
de ses chefs, dont l'infériorité sur les chefs allemands
venait de s'attester à Morhange et à Charleroi.
C'avait été déjà de la part du gouvernement britannique un assez joli défi à l'opinion d'avoir expédié
sur le continent la presque totalité de cette *Expeditionary Force* que la Grande-Bretagne devait réserver jalousement à la défense de ses colonies : l'accord conclu en 1904 entre la France et l'Angleterre
ne comportait rien de semblable. Un membre de la
Chambre des lords qui se dissimulait sous le pseu-
donyme de *an Islander* prenait soin de nous en
aviser à la veille même de la guerre dans sa rude
brochure *The Naval and Military Situation of the
British Isles* (1913) :

« Ce serait peut-être une mauvaise diplomatie,
disait-il, mais ce serait une politique droite et hon-
nête, si le premier ministre de ce pays expliquait,
en termes sans équivoque, que notre *Expeditionary
Force* est une réserve constituée dans le but d'appuyer, d'augmenter nos effectifs dispersés le long
des frontières de l'Empire et qu'elle n'est ni organi-
sée, ni équipée, pour servir sur les champs de
bataille européens. »

Il convient d'ajouter que cette *Expeditionary
Force* se composait en tout et pour tout de six divi-

---

vous avais annoncée hier de la nomination du général Franchet
d'Espérey au commandement de la 5ᵉ armée. Je suis certain qu'il
résultera de votre collaboration au combat les meilleurs résultats (Lettre du général commandant en chef au feld maréchal
sir John French, commandant en chef des forces britanniques,
4 septembre 1914).

sions d'infanterie et d'une division de cavalerie —
plus les réserves. Et il convient surtout d'observer
que si, contre toute attente, quatre de ces divisions
et la division de cavalerie avaient passé avec le
maréchal French sur le continent, le souci d'amé-
liorer notre situation personnelle y était parfaitement
étranger : ces troupes n'avaient franchi le Détroit
que pour défendre la neutralité belge et sauver
Anvers, dont l'Angleterre, suivant le mot célèbre,
ne pouvait pas plus permettre au Kaiser de braquer
le canon sur « son cœur » qu'elle ne l'avait permis
à Napoléon. Refoulée de Belgique, coupée de l'armée
belge, la petite armée anglaise avait perdu son
objectif et, plus elle s'éloignait du littoral, moins
elle comprenait sa coopération avec l'armée française. Il faudra bien du temps à l'opinion britannique et aux gouvernants anglais eux-mêmes
pour discerner que l'Angleterre n'a pas de meilleur
boulevard sur le continent que la France et que,
ce boulevard une fois forcé, l'Angleterre est à la
merci des événements. Nous n'avons point la cor-
respondance complète du maréchal avec son gouvernement, mais ce qui en a été livré au public et
ce qui en transparaît dans ses *Mémoires* suffisent
amplement à notre édification : on y peut suivre
heure par heure au cours de la retraite l'inquiétude
grandissante, les fluctuations, le désarroi d'une
âme profondément loyale et dont le patriotisme scru-
puleux est travaillé d'aspirations contradictoires :
s'il consent à lier son repli au nôtre, c'est à condition de se tenir à notre aile gauche, qui est la plus
rapprochée du Détroit. Et, ce repli, il entend le
limiter dans l'espace et dans le temps. On n'a que
trop reculé déjà à son gré et quand Joffre, le 1er sep-

tembre, décide de reculer encore, il perd presque
tout à fait confiance ; il se demande jusqu'où le
mènera cette retraite qu'il a plus que tout autre con-
tribué à précipiter par le décousu de ses mouvements et l'abandon irraisonné des positions les plus
essentielles. Intervenant dans les projets du général
en chef au lendemain même du jour où il vient de les
désorganiser par le lâchage du massif de Lassigny,
il le presse d'examiner si l'on ne pourrait pas dis-
traire deux ou trois corps d'armée pour assurer ses
communications avec la mer, moyennant quoi il ne
répugnerait plus à nous prêter son concours pour
l'offensive en préparation qui serait prise sur la
Marne au lieu de l'être sur la Seine [1]. C'était aussi,

1. Ceci était écrit avant les révélations d'un si haut intérêt
publiées dans le *Matin* du 5 septembre 1920 par M. Raymond
Poincaré et qui ne font d'ailleurs que confirmer, en les précisant,
les observations qu'on a lues plus haut :

« Peut-être M. Millerand, qui avait été nommé ministre de la
Guerre le 26 août, se souvient-il d'un coup de téléphone qu'il a
reçu du commandant en chef le dimanche 30 ? Le général
Joffre se demandait avec inquiétude si les Anglais, très éprouvés
depuis le début de la campagne, étaient encore disposés à se
battre : ils se retiraient vers Meaux, d'où ils devaient, croyait-
on, gagner la basse Seine en tournant Paris par le sud. Le lendemain lundi, le colonel Pénelon, aujourd'hui secrétaire général
militaire à l'Élysée, venait, de la part du commandant en chef,
me prier d'intervenir pour que les Anglais consentissent à ne
pas poursuivre trop rapidement leur retraite et à contenir l'ennemi sur leur front. D'accord avec M. Millerand, je mandai
l'ambassadeur d'Angleterre, sir Francis Bertie, que je savais un
des plus fidèles amis de la France. Je lui exposai brièvement la
situation. Il me promit de téléphoner au maréchal French. Vers
dix heures du soir, sir Francis revint avec un officier d'ordonnance, qui m'apportait une réponse écrite du maréchal. Celui-ci
rappelait les lourdes pertes en hommes et en matériel que l'armée britannique avait subies. Depuis qu'elle avait quitté Mons,
elle n'avait cessé, disait-il, d'être engagée. Il lui fallait au moins
huit jours pour se reconstituer et redevenir une unité combat-
tante. Le mardi 1er, le maréchal French arrivait lui-même à
Paris et se rencontrait à l'ambassade d'Angleterre avec M. Millerand et lord Kitchener, ministre de la Guerre du gouverne-

mais d'un tout autre point de vue, l'idée de Galliéni. Pour les raisons exposées dans ses ordres et notes du 1-3 septembre et dont la principale — que les convenances lui interdisaient d'invoquer près du maréchal [1], — est tirée justement du rapide « recul de l'armée anglaise effectué trop tôt et trop vite ». Joffre décline la suggestion : French ne peut qu'en prendre acte, mais une indépendance de plus en plus grande et comme un détachement de tout ce qui n'intéresse pas directement le salut de ses troupes s'observent dès lors dans sa marche qui s'accélère au point d'ouvrir entre Franchet d'Espérey et lui un vide où va se jeter tout de suite Kluck. Les instructions de ce dernier [2] lui prescrivaient de suivre en échelon la 2ᵉ armée dont il devait se borner à couvrir le flanc droit, mais l'occasion était trop tentante

ment britannique. Le maréchal déclara qu'il voulait bien retrancher son armée vers Meaux, mais à une condition : il demandait que le général Joffre envoyât des forces pour défendre la Seine en aval de Paris et assurer les communications des Anglais avec la mer. Informé de cette conversation, le commandant en chef français répondait qu'il lui était impossible d'accepter ce programme et qu'il entendait, au contraire, pivoter sur Paris pour reprendre, le plus tôt possible, l'offensive générale »...

1. Joffre se borne simplement à répondre aux propositions du maréchal dont l'a saisi le ministre de la Guerre : « J'ai l'honneur de vous adresser mes remerciements pour les propositions que vous avez bien voulu soumettre au gouvernement de la République, relatives à la coopération de l'armée anglaise et qui m'ont été communiquées. En raison des événements qui se sont passés depuis deux jours, je ne crois pas possible d'envisager actuellement une manœuvre d'ensemble sur la Marne avec la totalité de nos forces »... (2 septembre 1914. La lettre est citée par Galliéni dans ses *Documents*).

2. A remarquer pourtant que ces instructions sont du 3 septembre et que Kluck peut invoquer à sa décharge qu'elles arrivaient bien tard, surtout qu'elles étaient en contradiction avec les ordres du 30 qui lui prescrivaient d'infléchir sa marche vers le Sud, sans tenir compte de l'armée nouvelle qui venait de se révéler sur son flanc et dont il n'eût pas fait si bon marché, con-

que lui offrait le maréchal de rabattre Franchet sur Bülow et de gagner à peu de frais une nouvelle bataille de Cannes, et Kluck passa outre.

Sans Galliéni, a-t-on dit, le coup réussissait. Ce n'est pas sûr, mais il est certain que Galliéni l'a fait échouer [1] et Joffre n'a pas plus songé à le contester [2] qu'à contester la part brillante prise par ses autres lieutenants à la victoire : car Galliéni — on l'oublie trop — n'est qu'un lieutenant de Joffre, sous les ordres duquel il est placé depuis le 2 septembre, avec le camp retranché et l'armée de Paris ; il est un des éléments dont dispose et sur qui compte et n'a jamais, quoiqu'on dise, cessé de compter le généralissime pour son offensive prochaine [3]. Et cet

trairement à ce qu'on avait cru jusqu'ici, si l'O. H. L. ne l'avait inexactement renseigné sur la force et le moral de cette armée.

1. ... « Il est donc certain que le commandant en chef des armées de Paris a eu spontanément, dès la première minute, la vision très nette de la grande bataille à livrer » (Raymond Poincaré, *ibid.*).

2. Le contester, non peut-être. Mais l'a-t-il reconnu ? nous objecte M. Henri Lapauze : « Que M. L. G. nous dise donc dans quel document *public* Joffre a rendu justice à Galliéni. Joffre a écrit personnellement à Galliéni pour le remercier, mais il a fallu la mort de celui-ci — et ses *Mémoires* — pour que les non initiés connussent les billets de Joffre. Mais lorsque Joffre fit rédiger l'historique de la bataille de la Marne — à la fin de 1914 — il omit le nom de Galliéni. Et je puis affirmer ceci : le nom de Galliéni ayant été écrit tout de même, il fut biffé sur les épreuves par ordre supérieur ». (*Renaissance* du 27 novembre 1920). Même en admettant la version de M. Lapauze, il resterait que Joffre, au moins dans ses lettres privées à Galliéni, a reconnu la part considérable prise par celui-ci et la 6° armée à la victoire, puisqu'il le remerciait chaleureusement de son concours et qu'il ne pouvait caresser l'illusion que ces lettres demeureraient éternellement sous le boisseau. C'est tout ce que nous avons prétendu dire, ne faisant pas ici métier d'apologiste et nous bornant à la simple constatation des faits.

3 «... Il n'est pas dans mes intentions, écrit-il encore à Galliéni le 4 septembre, à 2 h. 55, d'associer les troupes territoriales du camp retranché de Paris aux opérations des armées en

élément sans doute va se révéler tout à coup singulièrement rétif, personnel et volontaire et, comme
Kluck chez l'ennemi, comme French chez nos alliés,
Galliéni aussi entendra n'en faire qu'à sa tête. Il
fera si bien, encore un coup, que la manœuvre de
Kluck échouera, mais *peut-être eût-elle échoué davantage et d'un échec fût devenu un désastre*, si Galliéni n'était pas allé si vite de l'avant et n'avait pas
substitué ses directives à celles de son supérieur[1].

Voilà tout le débat. Ou, du moins, c'est ainsi
qu'il conviendrait de le poser. Et j'entends bien
qu'il n'est point de ceux qu'on tranche catégoriquement dans un sens ou dans l'autre. Nous sommes
ici en plein royaume d'hypothèse et il est toujours
facile de reconstruire les batailles dans les nues ou
sur le papier ; il est plus difficile d'assurer que les évé-
ments se seraient ajustés à nos calculs, pour aussi
rigoureux fussent-ils. Si quelque chose par exemple
semblait mathématiquement infaillible, c'est l'ef-
froyable gâchis où aurait dû nous jeter la dualité de
conception qui se manifesta au cours de ces confuses
et tragiques journées de la première semaine de sep-

campagne dans le voisinage de la place en raison des faibles
capacités manœuvrières de ces troupes. *Par contre je me réserve de vous demander la participation des troupes actives
et de réserve de la garnison à ces opérations, particulièrement pour agir dans la direction de Meaux, lors de la reprise
de l'offensive prévue par l'Instruction n° 4 et la Note
n° 3463* ».

1. Cette opinion, qui a été reprise par le commandant Grasset
dans l'*Illustration* du 21 février 1920, comme notre récit de
l'entrevue de Vlamertinghe, fut présentée par nous, très antérieurement, une première fois en septembre 1916, dans la série
d'articles que nous donnâmes au *Petit Parisien* à l'occasion du
deuxième anniversaire de la Marne, et une seconde fois en 1918
dans la *Guerre qui passe* (Bloud, édit., p. 122). Ceci pour
répondre à certaines insinuations et régler par des dates pré-
cises la question de priorité.

tembre 1914 et ne prit fin que le 8 par la lettre,
aussi ferme que courtoise, dans laquelle Joffre
priait Galliéni de trouver bon que, désormais, il
envoyât directement ses instructions à Maunoury
et qu'il communiquât seul avec le gouvernement.
Jusque-là il n'y a qu'un généralissime de droit, mais
il y a en fait, depuis le 3, deux généraux en chef à
l'aile gauche des armées françaises et dont l'un,
celui qui justement n'est pas investi officiellement
de la fonction, met perpétuellement le second en
présence du fait accompli. Sans l'admirable sagesse
d'un Joffre, sans son esprit conciliant, sans cette
souplesse de caractère qu'on n'a pas assez remar-
quée chez cet homme d'apparence si massive, que
se fût-il passé et ne frémit-on point à la pensée que
Galliéni aurait pu trouver devant lui un autre Galliéni ?

Par bonheur, jamais tempéraments de chefs ne
furent plus différents. Et Galliéni, d'ailleurs, comme
French, a ses excuses. Rappelé à l'activité le
1er août, confirmé dans ses fonctions de successeur
éventuel du général-commandant en chef, fonctions
qui lui avaient été assignées par une lettre de service de M. Millerand, ministre de la Guerre, en date
de décembre 1912, il peut accuser l'injustice de
l'âge qui l'a placé sous les ordres de son ancien
subordonné de Madagascar, sans lui conférer, jusqu'à sa nomination de gouverneur du camp retranché
de Paris, aucune espèce de pouvoir effectif. Quand
il prend la direction de ce camp en remplacement
du général Michel, qui avait bien pu prévoir la
manœuvre allemande par la Belgique, mais qui
n'avait rien su faire, pendant près d'un mois, pour
mettre Paris à l'abri des effets de cette manœuvre,

il ne trouve ni canons dans les forts, ni équipements dans les magasins, ni matériel dans les arsenaux, ni instruction chez les soldats. Tout est à créer et l'ennemi est à nos portes. Mais nos armées sont intactes : elles couvrent Paris. Leur repli va s'arrêter d'un moment à l'autre : la bataille générale se livrera sous ses murs et la garnison de Paris qu'il a mise debout en quelques heures, à laquelle il a insufflé sa grande âme, est assurée d'y participer, Ce dernier espoir est enlevé à Galliéni le 1er septembre, ou du moins il s'en persuade — et cette fois il s'insurge. Il n'accepte pas cet abandon de Paris, abandon qu'il croit décidé dans l'esprit de Joffre, malgré les assurances multipliées de celui-ci. Maunoury, dès le 31 août, a signalé au Grand Quartier Général, qui en a avisé le ministre de la Guerre, qui n'a pu manquer d'en avertir Galliéni, « que la première armée allemande délaisse la direction de Paris ». Ce renseignement capital a été fourni à l'état-major de la 6e armée par le capitaine Lepic, descendant du fameux Lepic d'Eylau, qui, vers Saint-Maur, embusqué derrière des bottes de paille, a pu voir « défiler pendant plusieurs heures une colonne allemande qui, laissant la route d'Estrées, a pris celle de Compiègne[1] ».

Chose curieuse, Galliéni n'y prête aucune attention ; du moins ses *Mémoires* sont-ils muets sur cette communication, contredite d'ailleurs par les renseignements de ses propres avions qui lui indiquent

---

1. J. Héthay : *le Rôle de la cavalerie française à l'aile gauche de la première bataille de la Marne.* C'est le 30, on le sait aujourd'hui, que l'O. H. L. avait donné ordre aux armées allemandes de s'infléchir vers le Sud. La concordance de dates (30-31) est donc parfaite.

l'ennemi comme « poursuivant sa marche vers Paris ». Le 3 seulement, « à 18 h. 30 », précise-t-il [1], en rentrant à son Q. G. il apprend, par l'aviateur Brindejonc des Moulinais, selon les uns, par une communication téléphonique du lieutenant Remy, selon les autres, que la Ire armée allemande s'infléchit bien décidément vers le Sud-Est, à l'exception d'un corps qui semble vouloir rester en flanc garde devant l'armée Maunoury et qui est entré en contact avec elle à Luzarches. Est-ce possible et la Fortune jusqu'au bout va-t-elle lui demeurer contraire ? Après Joffre, qui « sacrifie » Paris, la Ire armée allemande va-t-elle se dérober à son étreinte et suivre Joffre dans son interminable repli ? Devra-t-il, par la force des choses, assister les bras

---

1. « Le 3 septembre 1914, Brindejonc vînt de lui-même, sans consulter ses chefs, trouver Galliéni à son Q. G. Galliéni était absent. Brindejonc l'attendit de longues heures. Il put lui signaler qu'il avait observé de son avion que les Allemands se dirigeaient vers le Sud-Est. Galliéni lui dit de repartir aussitôt et de vérifier si l'armée allemande continuerait son mouvement ; il le pria de vouloir bien donner à *lui-même*, le 4 au matin, les renseignements qu'il aurait pu avoir sur la marche de l'ennemi » (Communication du Dr Baratoux). — M. H. Roulleau (*Démocratie nouvelle* du 2 décembre 1920) raconte autrement le fait : « [Le 3 au matin], dit-il, un aviateur de Galliéni... remarque que les Boches progressent vers l'Est et non plus vers le Sud (?). L'observateur enregistre également que de très importantes colonnes allemandes remontent le long du cours de l'Automne... Le lieutenant Remy, chargé de centraliser les renseignements aériens, transmet cette importante nouvelle par téléphone à l'état-major du général Galliéni. Le chef d'état-major (Clergerie) demande l'envoi immédiat d'un deuxième avion de contrôle. Vers 11 heures, l'avion revient et le passager précise les observations matinales en ajoutant : « Le mouvement de translation effectué par l'armée allemande crée même des embouteillages considérables aux carrefours des grandes routes et en particulier à Villers-Cotterets »... L'après-midi, ces renseignements sont encore confirmés par une troisième reconnaissance. A nouveau, Rémy téléphone la certitude du mouvement d'infléchissement. »

CH. LE GOFFIC.   4

croisés aux péripéties du grand choc dont il escomptait l'imminence et pour lequel il ceignait déjà ses reins, forgeait l'arme qui eût peut-être trouvé le défaut de la cuirasse allemande ? Si ce ne sont pas là les sentiments publics de Galliéni, si ses *Mémoires* n'en contiennent pas l'aveu formel, est-il si téméraire de les lui prêter et de croire qu'ils n'ont pas été étrangers à la décision qui se fait jour dans cette âme volontaire de s'opposer à l'inéluctable et de violenter le destin ? Pour justifier la détermination qu'il va prendre de lui-même et qui bouleverse les plans de Joffre, qui remet tout en cause, il invoquera — de très bonne foi d'ailleurs — l'intérêt supérieur du pays, la stratégie dilatoire du généralissime, ce dangereux esprit de temporisation qui le ferait reculer au besoin jusqu'à Rivesaltes, surtout l'impossibilité pour nos troupes de gagner les lignes de la Seine avant l'ennemi, qui se montre pourtant — sauf Kluck et encore ! — si peu pressant depuis le 1ᵉʳ septembre : on voudrait des faits et on ne trouve là que des impressions personnelles, discutables comme toutes les impressions. Si la Marne avait été un échec, on aurait vu ce qu'elles eussent pesé devant un conseil de guerre.

Quoi qu'il en soit, Galliéni a pris son parti, dont l'exécution n'est plus subordonnée qu'à la confirmation ou à l'infirmation du renseignement qu'il vient de recevoir : tous les avions du camp retranché repartent séance tenante à la découverte ; entre temps Galliéni interroge un réfugié de la Somme qui a vécu avec les Allemands dans la région de Saint-Just-en-Chaussée et qui ne se montre pas moins formel que son premier informateur ; une reconnaissance en auto poussée par l'interprète Fréchet jusqu'à Princhard lui rapporte de nouvelles précisions sur le fléchissement de Kluck. Les avions rentrent, et toutes leurs déclarations concordent. Il ne reste plus qu'à en tirer les conséquences : une occasion exceptionnelle se présente de surprendre l'ennemi en flagrant délit de manœuvre, de l'attaquer en plein flanc ; il importe peu que cette attaque prématurée jette bas tout l'échafaudage de Joffre et même il est à désirer qu'il en soit ainsi et que Joffre s'en voie contraint à suspendre sa retraite et à livrer la bataille qu'il diffère scandaleusement. Soucieux cependant de ne rien laisser au hasard, d'opérer en pleine certitude, Galliéni multiplie les investigations, dépêche à l'aube du 4 dans toutes les directions de nouvelles reconnaissances aériennes. French, lui aussi, s'est aperçu du glissement de l'armée ennemie et il téléphone à Galliéni à 10 h. 25 du matin : « Le 4ᵉ corps de réserve allemand paraît rester à l'Ouest. Mais les autres corps de la Iʳᵉ armée semblent avoir tourné vers le Sud-Est et avoir atteint hier soir la Marne entre Château-Thierry et Lizy-sur-Ourcq.» Mais déjà, dès 9 heures, Galliéni, pour créer le fait, forcer la main de Joffre, dont il pressent la résistance, a prévenu Maunoury qu' « en raison du mouvement des armées allemandes », il avait décidé de porter son armée « en avant dans leur flanc, c'est-à-dire dans la direction de l'Est en liaison avec les armées anglaises ». La direction sera donnée à Maunoury dès que Galliéni connaîtra celle de ces armées : en attendant, qu'il tienne ses troupes en alerte et pousse « immédiatement des reconnaissances de cavalerie dans tout le secteur entre la route de Chantilly et la Marne »; à cet effet la cavalerie disponible du camp retranché est mise tout entière sous ses ordres, en même temps que la 45ᵉ division, etc., etc.

Toutes ces dispositions, encore une fois, Galliéni les a prises de son propre mouvement sans consulter son chef, *malgré son chef*[1]. C'est quand elles sont en voie d'exécution qu'il les soumet à l'homologation de Joffre, dont elles contredisent les ordres de repliement du 2 septembre[2], et qu'il court à Melun essayer d'arracher à French une adhésion que le maréchal ne pouvait hiérarchiquement lui accorder. Le hasard d'ailleurs veut que French soit absent, et son chef d'état-major ne se sent pas l'autorité nécessaire pour s'affranchir des directives de Joffre acceptées par le maréchal et impliquant la continuation de la retraite. Galliéni retourne à Paris sans avoir rien pu obtenir et il n'est pas plus heureux près de French lui-même quand celui-ci, dans la soirée, l'appelle au téléphone. A toutes les instances de Galliéni pour lui arracher un ordre d'offensive ou simplement d'arrêt de ses troupes, le maréchal répond : « *No* ». Ses troupes sont épuisées ; elles ont besoin de se refaire en lieu sûr ; la retraite continuera donc, comme il est convenu avec Joffre. Et le fait est qu'elle se précipite. Galliéni, de toute évidence, n'a aucune prise sur son interlocuteur : il ne sait pas le manier comme Joffre. Sera-t-il plus heureux avec ce dernier, qu'il peut aborder à la fran-

1. « Je pensais donc, dès ce moment, à prendre l'offensive contre l'aile droite ennemie, malgré les risques que pouvait présenter cette opération, *malgré les directives du général en chef* prescrivant aux armées de se replier au sud de la Seine et de l'Yonne » (*Mémoires*, p. 95).

2. « *La décision bien prise et les ordres étant donnés*, mon chef d'état-major téléphonait au Grand Quartier Général pour le mettre au courant des dispositions réalisées » (*Ibid.*, p. 114).

çaise, *ex abrupto* ? Voici les deux hommes à l'appareil. Joffre est au courant du changement de front de Kluck et il reconnaît sans difficulté qu'il y a là un fait nouveau qu'il est peut-être tentant d'exploiter. De quelle manière ? C'est la question. Elle est susceptible de deux solutions : celle que propose Galliéni, la plus simple, et celle, plus subtile, que préconise Berthelot et qui consisterait à laisser Kluck « foncer dans la nasse ». Joffre ne cache pas que c'est cette solution qui a ses préférences, parce qu'elle lui permettrait de gagner du temps : l'immense ligne brisée dont il règle le mouvement et qui continue sa délicate manœuvre pivotante pour obtenir une liaison complète des armées, ce qui n'arrivera que quand les renforts appelés de Nancy et d'Epinal seront en place, French d'aplomb sur ses jambes et Maunoury en mesure d'agir vers Meaux, cette ligne est loin encore de présenter le dispositif qu'il souhaite. En outre le moral des troupes n'est pas aussi bon que le laissent croire les communiqués : des divisions, comme la 52ᵉ du groupement Foch, sont « momentanément inutilisables[1] » ; certains corps d'armée même, comme le 18ᵉ, à la tête duquel vient d'être appelé Maud'huy, sont ou paraissent (car, d'après Maud'huy, le 18ᵉ corps, harassé de retraite, était cependant fort capable d'attaquer) en pleine décomposition. Enfin l'adhésion anglaise reste fort hypothétique, et Galliéni a pu en juger par lui-même. Cependant et tout compte fait, si cette adhésion peut être obtenue, Joffre veut bien ne pas s'opposer à la continuation du mouvement offensif esquissé par la 6ᵉ armée, mais à con-

1. Expression du général Dubois, commandant le 9ᵉ corps.

dition que ce mouvement se fasse par la rive gauche de la Marne. Galliéni proteste[1] : c'est la déformation de sa pensée, sa ruine plutôt, qu'une opération conduite de cette façon et le coup qu'il médite de porter aux communications de l'ennemi n'est plus possible, si on prend par la rive gauche du fleuve au lieu de prendre par la droite.

Là était en effet la grande pensée de Galliéni, telle du moins qu'il l'a exposée dans ses *Mémoires*, en exprimant le regret de n'avoir pu lui donner le vaste développement qu'elle aurait prise, si Maunoury n'avait été soustrait le 8 à son commandement direct : avec deux corps d'armée qu'il eût jetés le même jour vers le Nord, dans la direction de la Ferté-Milon, il serait tombé « en plein dans les lignes de communication de l'ennemi, sur ses derrières », et l'eût forcé de reculer jusqu'à la Meuse, sinon par delà. Beau rêve, dont on ne voit malheureusement pas comment Galliéni eût fait pour le réaliser et soutenir en même temps Maunoury qui, avec « toutes les ressources » dont disposait le camp retranché de Paris, pouvait à peine tenir debout le soir du 9 et se fût effondré, le 10, sous une attaque sérieuse de Kluck !

Il reste qu'en demandant à porter la 6ᵉ armée sur la rive droite de la Marne Galliéni avait raison contre Joffre, si tant est que Joffre ait parlé d'une attaque de la rive gauche autrement que pour le cas où il

---

1. Remarquons pourtant que lui-même avait soumis les deux propositions à Joffre, comme il résulte du télégramme chiffré en date du 4 septembre, 14 heures, publié aux Documents : « Des deux propositions que vous m'avez faites relativement à l'emploi troupes général Maunoury, je considère comme la plus avantageuse celle qui consiste à porter la 6ᵉ armée sur la rive gauche de la Marne, au sud de Lagny... » Signé : « Joffre ».

aurait lui-même continué son repli vers la Seine. Dès lors qu'il renonçait à ce repli, l'attaque sur la rive droite s'imposait. Kluck, averti du danger par le démasquage trop rapide de l'armée Maunoury, était désormais sur ses gardes, et le Grand Quartier allemand, ouvrant les yeux à son tour, allait lui ordonner de resserrer au plus vite ses lignes : le poisson s'évadait de la nasse avant d'y avoir fait entrer tout le corps, comme l'espérait Joffre. C'était une nouvelle bataille qu'il fallait improviser de toute pièce et jouer de surcroît sans l'atout anglais qui nous avait glissé des mains : French a si bien reculé et, quand il refait front sur les instances de Joffre, plus habile à le manier que Galliéni, il le fait avec une si désespérante lenteur, un tel luxe de précautions, qu'il n'accrochera les Allemands qu'à la fin de la bataille et quand elle est à peu près gagnée. Mais comment ne pas regretter cette abstention de l'armée anglaise en songeant à tout ce qu'aurait pu donner une coopération immédiate et pleinement effective de 60 à 70.000 hommes de troupes régulières et bien entraînées ? Joffre voit bien que c'est par où boite le plan qu'on lui propose et que tous ses efforts pour le redresser sur ce point — et il n'en négligera aucun — risquent de rester inopérants. Pourquoi donc ne résiste-t-il pas à Galliéni ? Pourquoi ne s'en tient-il pas à son projet initial d'une retraite sur la Seine ? Il ne l'a pas dit, mais on le devine assez et l'on conçoit aussi qu'entre une bataille longuement combinée, mais compromise par l'initiative de Galliéni, et une bataille nouvelle où cette initiative pouvait porter certains fruits, il ait opté finalement, quoiqu'à contre-cœur, pour la bataille qui n'avait pas son agrément. Et il est possible en outre que des const-

dérations d'un autre genre aient agi sur lui, qu'il
n'ait pas été sans se laisser impressionner par
l'atmosphère de sourde hostilité qui l'enveloppait
depuis le début de la retraite : visiblement il n'a plus
la confiance des parlementaires, dont certains,
parmi les plus influents et qui sont de l'entourage
immédiat de Galliéni, intriguent dans la coulisse,
ramassent des signatures et parlent de le mettre en
accusation. Il est l'homme de Morhange et de Char-
leroy ; il est le passé, avec toutes ses déceptions, et
Galliéni l'avenir, l'inconnu, avec tous ses espoirs et
le prestige de la nouveauté, si puissant sur l'âme
mobile des Français. A un autre qu'à Galliéni, il
est probable que Joffre eût résisté. Et il est probable
aussi qu'un autre que Galliéni n'eût pas osé lui rompre
en visière ouvertement. C'est l'honneur de Joffre,
quoi qu'il en soit, de ne s'être pas obstiné, d'avoir fait
passer l'intérêt général avant son amour-propre de
chef, de s'être rendu en personne près du maréchal
French pour tâcher de pallier dans la mesure du
possible les fâcheux effets d'une abstention complète
de l'armée anglaise et, cette précaution prise, de
s'en être retourné dans la petite salle d'école de Bar-
sur-Aube où l'attendaient ses adjoints, les vrais
et sûrs confidents de sa pensée, le général Belin,
le général Berthelot, le colonel Pont, le colonel
Gamelin, etc., dont il voulait recueillir une
dernière fois les avis. La discussion fut longue,
car les avis différaient. Berthelot, notamment,
tenait mordicus pour la continuation du repli.
Mais la majorité flottait, séduite par l'occasion
offerte ou troublée dans sa confiance en l'ancien
plan par l'intempestive immixtion de Galliéni. On
sait le reste et comment Joffre termina la discus-

sion par le mot fameux qu'a rapporté M. Hanotaux :

— Eh bien, messieurs, on se battra sur la Marne !

La pensée de Galliéni devenait dès ce moment la sienne. Il l'épousait, mais en lui imposant sa forme propre [1] et en l'adaptant à la situation générale dont Galliéni, qui ne voyait que son coin de bataille, ne semblait pas tenir assez de compte. Et ce n'est sans doute pas le seul mariage de raison qui ait donné des fruits heureux. S'il est vrai que Joffre ait dit un jour : « J'aurais dû gagner Charleroi et perdre la Marne », il faut convenir qu'il a tout fait, — et Galliéni aussi d'ailleurs, mais sans l'esprit d'abnégation de Joffre et donc avec moins de mérite chrétien — pour que cette dernière éventualité ne se réalisât pas.

1. Voir les Instructions n°ˢ 5 et suivantes, trop connues pour être rapportées ici.

IV

LE THÉATRE DU DRAME

« Il n'y a pas de plus bel excès que celui de la reconnaissance », dit La Bruyère, cité par Fernand Laudet au début du rapport qu'il adressait au Comité constitué sous la présidence de M⊃r Tissier, évêque de Châlons, pour ériger sur les champs mêmes de nos victoires un monument commémoratif des deux Marne. On sait que, sur les indications du maréchal Foch, le choix du Comité s'est porté sur Dormans, « considéré comme le lieu synthétique des deux batailles libératrices ». S'il ne s'était agi que de la première Marne, le choix sans doute eût été autre. Et c'est sur les crêtes boisées qui dominent les Marais de Saint-Gond que se fût élevée « la Chapelle de la Reconnaissance ».

C'est que nous sommes, dans ces Marais, au nœud stratégique du drame. Nulle part la poussée ennemie ne s'exerça sur notre ligne avec autant de violence : à travers ces prairies tremblantes l'élite des troupes allemandes, les régiments de fer de la Saxe, la Garde prussienne elle-même, considérée jusqu'alors comme invincible, foncèrent pendant cinq jours, en formations massives, sur les minces effectifs de la 9ᵉ armée, avec le dessein arrêté de crever notre centre, de nous rejeter en deux tronçons sur la Meuse et la Seine, de prendre Paris et Verdun à revers. Le plan faillit réussir : au soir du 8 septembre, l'aile droite de Foch était disloquée ; nous lâchions, en même temps que la Somme champenoise, la rive méridionale des Marais. Le merveilleux « allant » de Franchet d'Espérey, qui, à notre gauche, violentait la victoire et l'arrachait à l'ennemi sur les champs mêmes de l'épopée napoléonienne, et une admirable et suprême manœuvre tactique de Foch en direction de Fère-Champenoise et d'Œuvy, rétablirent la situation. Dans la nuit du 9, les troupes saxonnes se repliaient sur Normée ; la Garde avait pris les devants et, dès 3 heures de l'après-midi, sans attendre l'attaque de Foch, bouclé ses sacs et repassé les Marais.

Les voici devant nous. Ils s'étendent de l'Est à l'Ouest sur près de 18 kilomètres de long ; mais ils n'ont qu'une largeur moyenne de 2.000 mètres. Sur la carte, ils apparaissent ramifiés, digités comme une algue : ils jettent un bras vers Coligny, un autre vers Broussy-le-Grand, un troisième vers la Gravelle. Leur configuration est moins facile à saisir sur place, à cause des grandes colonnades de peupliers en bordure sur leurs chaussées et sur les deux rives du Petit-Morin qui les traverse dans toute leur longueur, comme le Rhône traverse le Léman, mais sans se confondre avec eux : son fossé peu profond, creusé droit jusqu'à Anglure, où il fait un coude vers Saint-Prix, est la seule ligne d'eau qu'on aperçoive nettement ; tout le reste est couvert par la forêt des roseaux.

1. Pour tout ce qui concerne cette bataille du centre, je me

Il y eut là, vraisemblablement, aux premiers
âges du globe, un vaste réservoir central, une
sorte de petite Méditerranée champenoise, dont le
bassin n'est plus dessiné qu'en partie par la ligne
rompue des collines : les seuils se sont abaissés ;
certaines articulations isolées, comme le Mont-Août,
qui devaient se rattacher primitivement au système,
s'en sont séparées à la longue. L'eau s'est frayé
un chemin par ces brèches, et le grand lac de
l'époque quaternaire est devenu un marécage.

Mais l'activité qu'il avait suscitée sur ses berges
s'atteste encore aux riches dépôts préhistoriques du
sous-sol. Ils affleurent en certains endroits. « A
chaque instant, dit M. Roland, le regard du pro-
meneur est attiré par des éclats de silex qui
portent la trace du travail de l'homme primitif. »
S'avise-t-on de gratter l'humus, d'y donner un
coup de pioche? On y rencontre aussitôt « les
marques du séjour de cet ancêtre : foyers, puits à
silex, trappes, ossements, débris de poterie, etc. ».

M. Roland, sans grande peine, a pu réunir de la
sorte, dans les salles de la mairie de Villevenard,
une collection très précieuse et peut-être unique de
poteries, nucléus, flèches, burins, grattoirs, haches,
colliers, etc., de l'époque néolithique. Ce simple
instituteur de campagne est un archéologue de
premier ordre. Il a fouillé je ne sais combien de
stations et d'hypogées. Sa grande terreur, pendant
l'occupation ennemie, était qu'on ne déménageât
son petit musée : l'ennemi n'en a pas eu le temps.
Il l'a même enrichi, sans le vouloir, d'une section

permets de renvoyer le lecteur à mon livre : *Les Marais de
Saint-Gond* (Plon, édit.)

Service photographique de l'Armée.

Les Marais de Saint-Gond.

nouvelle, en défonçant, à l'aide d'un de ses obus, près d'Oyes, le plafond d'une grotte funéraire insoupçonnée des chercheurs. Les pièces trouvées dans la grotte : couteaux de silex, haches en pierre polie, coquillages de nacre, bélemnites, etc., figurent aujourd'hui dans le musée de Villevenard sous cette rubrique originale ; « *Mobilier funéraire d'une grotte effondrée par un obus allemand à Oyes, lieu dit la Crayère.* » Et c'est bien peut-être la première fois qu'un projectile boche a fait œuvre intelligente.

D'année en année, les Marais se rétrécissent. Peut-être finiront-ils par s'assécher complètement. Il semble bien, par exemple, qu'au temps des invasions barbares leurs tourbières s'étendaient jusqu'au pied du Mont-Aimé. La tradition locale veut qu'Attila, dans sa fuite, y ait laissé tomber son « casque d'or » ; mais il ne fuyait pas vers l'Ouest et c'est vraisemblablement un peu plus loin, vers Châlons, qu'Aétius et les Armoricains accourus sous ses aigles lui infligèrent la sévère leçon qui le décida à repasser la Marne et qui n'est pas sans analogie avec celle que « notre » Joffre infligea plus tard, sur les mêmes rives, aux hordes de son successeur.

Entre temps, un saint ermite du vii⁰ siècle, Gond ou Gaond, qui a donné son nom aux Marais, s'était avisé de les purger de leurs hydres et, pour ce, y avait jeté les fondements d'un monastère, dont se voient encore les débris. Le moutier, à la fois lieu de prière et colonie agricole, était sous l'invocation de saint Pierre. Il couvrait sept arpents, qui formaient comme un îlot au milieu des Marais. Mais les grenouilles tout autour y menaient tel tapage que Gond dut recourir au ciel pour leur imposer silence. « On assure, écrivait au xviiie siècle l'auteur des *Mémoires de Champagne*, qu'encore que ce monastère soit au milieu des marais, on n'y entend jamais qu'une seule grenouille, ce qu'on attribue aux prières du saint. » Le monastère tombé, ces bruyants batraciens ont recouvré la voix et ils prennent si bien leur revanche aujourd'hui qu'à certaines heures du printemps, les Marais ne sont plus qu'un immense coassement.

Cependant l'œuvre du saint n'a pas toute péri : l'exemple de cet antique précurseur de nos défricheurs modernes a porté d'heureux fruits ; les drainages dont il avait donné le premier modèle se sont multipliés, et, peu à peu, les Marais se sont assainis, la fièvre en a disparu. Avant la guerre, vingt petites bourgades, plus jolies les unes que les autres, agenouillées autour du palus, comme des lavandières, y menaient un assourdissant concert de battoirs et de caquets ; sur les pentes des « côtes », au soleil, les grappes mûrissaient ; en automne les faucheurs entraient vaillamment dans les Marais et, de leur grand geste circulaire, abattaient les roseaux pour en faire de la litière au bétail ; en quelques endroits, la tourbe, plus consistante, fournissait un excellent combustible d'hiver. C'était l'aisance, presque la richesse. Les églises, de pur style roman presque toutes, avec de belles grilles en fer forgé du xviiie siècle, témoignaient, malgré leur abandon, d'une certaine persistance de la vie spirituelle.

Le 5 septembre 1914 au matin, les dernières troupes françaises, traversaient les Marais. A midi ordre leur arrivait d'en tenir les débouchés et la

bataille s'engageait. Lutte formidable ! Cinq jours
de corps à corps, de charges à la baïonnette, de
duels d'artillerie ininterrompus. Les Marais ne sont
« qu'un brouillard de fumée », écrivait le 8
M. Roland, dont on lira plus loin le journal. Quand
ces vapeurs se dissipèrent, le 10 au matin, vingt
cadavres de villages jonchaient les berges des
Marais ; le bétail gisait les pattes en l'air, les
vignes pendaient calcinées, la volaille donnait des
signes d'empoisonnement, — mais, sur toute la
ligne, l'ennemi battait en retraite et dans un tel
état d'épuisement que derrière lui, sur les chaussées jusqu'à la Marne, la boue, au dire d'un témoin,
« était rouge comme s'il avait plu du sang. »

V

LA PREMIÈRE PHASE DE LA LUTTE

Jusqu'au 4 septembre au soir, nous le savons, il était dans les intentions de Joffre de se replier jusqu'à l'Aube et à la Seine. Toutes ses dispositions avaient été prises pour engager l'offensive sur cette ligne vers laquelle il faisait converger les renforts et les convois de ravitaillement[1]. Dans la nuit, après trois longues conversations téléphoniques avec Galliéni qui le pressait de saisir l'occasion et d'avancer la date de l'offensive, Joffre improvisa l'ordre général du 4 septembre au soir, qui, porté à la connaissance des chefs d'armée vers dix heures du matin, détermina dans l'après-midi du 5 le brusque arrêt de la retraite, mais seulement pour les armées alliées d'extrême gauche.

Si l'insistance de Galliéni fut absolument heureuse, si nos chances de succès n'eussent pas été plus grandes sur l'Aube et sur la Seine, si la menace même que dirigeait la 6ᵉ armée sur le

1. Il est vrai que, suivant le général H. Le Gros (*la Genèse de la bataille de la Marne*), « si, mettant son plan à exécution, le général Joffre s'était retiré derrière la Seine et l'Aube, jamais il n'aurait pu les repasser. » Mais on ne voit pas bien clairement pourquoi ce qui aurait été possible sur la Somme, l'Aisne ou la Marne devenait soudainement impossible sur la Seine et l'Aube.

flanc de Kluck n'eût pas été plus efficace en ne se prononçant qu'après que celui-ci eût été complètement engagé dans le couloir de l'Ourcq, c'est la question que nous nous sommes posée plus haut et que nous n'avons pas osé trancher catégoriquement. Kluck, quoi qu'il en soit, eut le temps de resserrer sa ligne trop distendue ; l'attaque de Maunoury agissait sur lui, selon le mot célèbre, à la façon d'une ventouse. Mais il faut bien reconnaître aussi que, par cet « effet de succion », l'armée anglaise se trouva dégagée et qu'il ne dépendit ni de Galliéni — ni de Joffre — qu'elle n'en profitât pas plus sérieusement et ne devînt un élément actif de notre victoire ; Franchet d'Espérey du moins, libéré de la menace qui pesait sur son flanc, put opérer en toute sécurité contre les corps de Bülow, et Foch lui-même, qui avait sur les bras une partie de ces corps (dont presque toute l'infanterie de la Garde) et un bon tiers de l'armée von Hausen, put résister jusqu'au bout à la pression formidable de ces troupes d'élite agissant en coin pour rompre l'unité du front français.

Le 5 au soir, Kluck touchait Esternay ; Bülow, Bayes ; Hausen, Sompuis. Heureusement pour nous l'ennemi ne s'était pas avancé partout du même pas et, d'Esternay à Sompuis, sa ligne affectait une forme presque circonflexe. Dans la matinée du 5 notamment, alors qu'il pouvait enlever sans coup férir les Marais, puisque nous nous repliions vers l'Aube, il s'était arrêté devant cette grande tranchée de dix-huit kilomètres, se bornant à lancer des avant-gardes aux deux extrémités, sur Morains et Saint-Prix[1].

1. On sait aujourd'hui le pourquoi de ces hésitations, qui pro-

Nous pûmes de la sorte occuper fortement, dans l'après-midi, les débouchés méridionaux des Marais. La 42ᵉ division (Grossetti) s'établit à gauche, de la Villeneuve à Chapton, sur les crêtes boisées de la Branle, de Montgivroux et de Mondement ; le 9ᵉ corps (Dubois) le long des Marais, d'Oyes à Morains ; le 11ᵉ corps (Eydoux), le long de la Somme champenoise, de Morains à Sommesous ; la 9ᵉ division de cavalerie (de l'Espée) faisait la liaison vers Mailly avec la 4ᵉ armée ; la 52ᵉ (Battesti) et la 60ᵉ (Joppé) divisions demeuraient provisoirement en réserve, l'une sur la ligne du Mont-Août, l'autre sur la ligne de la Maurienne...

Dans la dernière phrase de son ordre du 4, Joffre avait nettement spécifié que l'arrêt de la retraite et les diverses positions assignées aux troupes pour le 5 n'étaient qu'une préparation à l'offensive générale. Cette offensive, précisait-il, devait être déclenchée « le 6 septembre dès le matin ». Et il paraît bien, quoi qu'en ait dit l'Etat-Major allemand, qu'elle ait été une véritable surprise pour l'ennemi, bien loin que celui-ci nous ait imposé son initiative. Ses combinaisons en furent sensiblement dérangées, sa désorientation évidente pendant les deux premiers jours de la bataille, d'autant que, pour ajouter à la confusion, lui-même, le 5 septembre, avait vu tout son plan initial bouleversé par les nouvelles instructions de Moltke : au lieu de continuer à pousser dans le Sud, il lui était intimé « de disposer contre le front est de Paris et

venaient, comme on le verra plus loin, du changement apporté par l'O. H. L., le 5 septembre, à 8 h. 30 du matin, aux directives de Bülow et de Kluck. Et, là-dessus au moins, Bülow est fondé à décliner toute responsabilité.

à distance suffisante de cette forteresse la Ire armée (Kluck) entre l'Oise et la Marne ; la IIe armée (Bülow) entre la Marne et la Seine ».

Bülow, docilement, rectifia la direction, tout en laissant sa gauche descendre jusqu'à Morains-le-Petit, et, avec le reste de ses corps, pivota vers Montmirail et Marigny-le-Grand, de manière à « orienter complètement son front face à Paris ». Mais, pour la bonne exécution de ce mouvement, il eût fallu que Kluck opérât une conversion semblable, ce qu'il ne fit pas tout de suite et qui eut pour résultat de masquer une partie de la IIe armée par la Ire ; et il eût fallu en outre que Joffre gardât son attitude passive, et Joffre, précisément, poussé par Galliéni, eut le mauvais goût de choisir ce moment-là pour passer à l'attaque. Bülow, canonné de flanc, se vit brusquement obligé de faire demi-tour et de reprendre son ancienne position, face au Sud ; il croyait du moins n'avoir affaire qu'à l'aile droite de Franchet d'Espérey, et sa déception fut vive quand se révéla sur sa gauche une armée « de la formation de laquelle ni le Grand Quartier Général ni le Quartier Général d'armée ne savaient encore absolument rien le 5 septembre [1] » et qui n'était autre que l'armée Foch.

Mais que pesait au demeurant cette petite armée, même appuyée sur l'aile droite de Franchet d'Espérey, près des huit corps de Bülow, avec leur artillerie lourde de campagne et l'artillerie lourde d'armée qui doublait l'artillerie de corps ? Et Hausen, d'ailleurs, n'allait-il pas jeter dans la balance, sur la Somme champenoise, le XIIe corps

---

1. Expressions mêmes de Bülow dans son *Rapport*.

actif et le XII⁰ corps de réserve de l'armée saxonne ?
C'était plus qu'il n'en fallait à un adversaire décidé
— Kluck n'ayant pas encore raccourci sa ligne et
lâché d'Espérey — pour démanteler rapidement le
front vacillant que nous venions d'improviser
dans ces tourbes de Saint-Gond, — et deux jours
vont se passer sans que Bülow ni Hausen aient
marqué un progrès sérieux ! De fait, sauf à la
pointe orientale des Marais, qu'une fraction de la
Garde réussit à emporter, mais sans pouvoir
déboucher de Bannes où l'artillerie de la 17⁰ division la mit littéralement en marmelade, tout le 6 et
une partie du 7 l'ennemi piétine ; il avance à peine ;
on dirait qu'il ne sait où diriger ses coups, alors
qu'en raison de sa supériorité numérique et par
une concentration rapide de ses forces sur nos
deux ailes il lui eût été si aisé de nous cerner dans
les Marais. Si, au soir du 7, il a réussi à prendre
pied au Petit et au Grand-Broussy, et pendant
quelques heures à Oyes, s'il occupe encore vers
Saint-Prix la crête du Poirier, d'où le 5⁰ et le 7⁰ tirailleurs n'ont pu le déloger, s'il s'est infiltré, à notre
gauche, jusqu'à Soisy, malgré l'héroïsme du 162⁰ de
ligne, Foch tient bon partout ailleurs et remplit
pleinement le rôle de « défensive active » qui lui a
été assigné dans le dispositif.

Nous n'avons pu sans doute forcer les débouchés
septentrionaux des Marais, enlever les hauteurs de
Voizy, de Courgeonnet, de Toulon, de Mont-Aimé,
qui les bastionnent et, à Morains même, le 32⁰, un peu
avant huit heures du matin, le 7, a dû se replier vers
les bois voisins, menacé qu'il était d'être coupé par
les forces ennemies qui s'avançaient avec des mitrailleuses le long de la voie ferrée.

L'artillerie allemande nous prenait de plein fouet sur ce point de notre ligne, qui faisait charnière entre le 9º et le 11º corps. Quelque fléchissement s'en était suivi à leurs ailes. Deux escadrons de la 17º division de hussards et de la 52º division de dragons expédiés en soutien s'étaient laissés envelopper dans la débandade. Mais, tout de suite, le général Radiguet, commandant la 21º division, faisait ouvrir le feu sur Morains et, le soir encore, apprenant que le village était toujours occupé et en ayant besoin pour le ravitaillement en eau de ses troupes de gauche, il priait Moussy, qui commandait la division voisine du 9º corps, de le faire battre à la mélinite, de 6 heures à 6 h. 20 du soir, concurremment avec sa propre artillerie. La 41º brigade, après cette préparation, devait essayer de reprendre le village. Moussy lui-même, dans l'après-midi, montait une reconnaissance sur Aulnizeux, de l'autre côté des Marais, où son chef d'état-major, le commandant Jette, était tué, et qui nous coûtait cent vingt hommes, sans aucun résultat.

Mais cette activité même de nos troupes, contrastant avec la démoralisation dans laquelle les croyait plongées le Quartier Général allemand, faisait réfléchir l'ennemi qui, d'autre part, à notre droite, bien que maître de Soisy-aux-Bois et parvenu à s'infiltrer entre la Villeneuve et Mondement jusqu'aux abords de Chapton, ne réussissait pas à nous chasser de l'extrémité orientale du plateau de Sézanne et du château même de Mondement, qui commande les Marais.

Enfin, à notre extrême droite, où nous n'avions que la cavalerie de la 9º division et où, entre l'armée Foch et l'armée de Langle, s'ouvrait un dangereux

« hiatus » de 15 kilomètres, l'une des brigades au moins de cette division, la brigade de dragons commandée par le général de Séréville, s'acquittait avec tant d'adresse, une mobilité si heureuse, de la mission délicate qui lui était confiée qu'elle arrivait à tromper l'ennemi sur la faiblesse de nos effectifs. Ni le 6, ni le 7, la division de l'Espée ne se laissait entamer par le détachement saxon de toutes armes qu'elle avait devant elle et qui ne montrait pas au reste beaucoup de mordant, et l'on pourrait en définitive excuser son chef d'avoir cédé du terrain le 8, après la débâcle du 9e corps et pour conformer ses mouvements à ceux de l'armée, s'il avait fait un plus vigoureux effort les jours suivants pour reprendre ce terrain et tomber dans le dos de l'ennemi, comme Foch l'en conjurait.

La situation étant telle cependant le soir du 7 et Bülow se jugeant impuissant à briser notre centre avec les forces qu'il avait mises jusqu'alors en action, le chef de la IIe armée allemande se concerta avec celui de la IIIe pour faire bloc de toutes leurs disponibilités et déclancher, dans la nuit du 7 au 8, une attaque massive sur notre aile droite.

La bataille des Marais entrait dans sa seconde phase

IV

LA VICTOIRE

C'est vers trois heures et demie du matin, le 8, que
se déclancha, sur Normée-Lenharrée d'abord, puis
sur toute la ligne, de Morains-le-Petit à Sommesous,
l'attaque massive de Bülow et d'Hausen[1]. Cette manœuvre suprême n'avait que le tort de se prononcer
quarante-huit heures trop tard, quand déjà Kluck
était obligé de rappeler une partie de ses troupes en-
gagées trop au Sud et quand Franchet d'Espérey lui-
même, dont on ne dira jamais assez la part brillante
et décisive qu'il prit à la victoire, dominait complètement l'aile droite de Bülow et la rejetait sur Montmirail.

Le coup d'arrêt frappé par Joffre avait de toute
évidence ébranlé le front allemand et il n'y a pas
de paradoxe à prétendre avec le général Baumgarten[2] que, dès le début de la bataille et même dès
la veille, « le plan allemand était déjà en échec »
du fait que « l'O. H. L. n'avait pas manœuvré

1. Ou plutôt de Bülow appuyé par Hausen qui, comme on le
verra plus loin, lui avait prêté deux de ses divisions, puis une
troisième, commandées par le général von Kirchbach.

2. Sous la signature de Crusius : *die Marneschlacht 1914*.
Le général Baumgarten faisait partie à la Marne de la III° armée
von Hausen.

ni coordonné l'action des armées, se contentant de
les lancer droit devant elles à toute allure » ou ne
les reprenant en main que lorsqu'il n'était plus
temps. Mais n'est-il pas excessif d'ajouter avec certains critiques français que la fortune nous servit
singulièrement en opposant à Foch un adversaire
aussi « flasque » que le chef de la II° armée? Bülow en
effet, dont la retraite entraîna celle des autres armées
allemandes, devait fléchir brusquement le 9. Pour
employer une expression vulgaire, il manqua d'estomac vers la fin de la bataille ; mais ce n'était
pourtant pas le chef invertébré et passif qu'on nous
dit, celui qui, complètement découvert en flanc le
7 au soir par la remontée de Kluck avec lequel il
n'était plus en liaison que par la cavalerie Marwitz
et voyant s'élargir d'heure en heure la brèche
où s'était lancé aussitôt d'Espérey — d'Espérey
qu'il avait obligé la veille encore à lui céder
la coupure du Petit-Morin [1] — ne renonçait pas

1. Il est bon de rappeler ici, pour l'intelligence des faits, le
texte des radios allemands captés par notre service des renseignements au cours de la bataille et qui ont été récemment divul-
gués par l'*Intransigeant* :

« Ire *armée à II° armée, 7 septembre 10 h. 10.* — Les 2°, 4°
et 5° régiments livrent un combat difficile à l'ouest de l'Ourcq
inférieur. Où sont les III° et IX° corps [que Kluck, en remon-
tant, avait laissés à Bülow et qui, en même temps qu'ils assu-
raient sa liaison avec celui-ci, faisaient pression sur le centre et
la gauche de d'Espérey]? Quelle est la situation chez vous?

« Ire *armée, 7 septembre, 11 h. 15.* — L'intervention des III° et
IX° corps sur l'Ourcq est de « nécessité urgente ». L'ennemi se
renforce d'une façon importante. Prière de mettre ces deux corps
d'armée en marche vers la région de la Ferté-Milon et Crouy.

« Ire *armée, 7 septembre, 11 h. 20.* — Où se trouve le II° corps
de cavalerie ? Pendant l'attaque de l'ennemi, le maintien de la
coupure du Petit-Morin, entre la Ferté-sous-Jouarre et Boitron,
est de nécessité urgente.

« III° *armée, 7 septembre.* — Sa Majesté quitte la III° armée
pour rentrer à Luxembourg à 17 heures ».

cependant à son objectif initial et cherchait au centre et à gauche la décision qu'il ne pouvait plus obtenir à droite. Entre 3 et 4 heures du matin, dans le trouble du petit jour favorable aux surprises, la 32ᵉ D. I. et la 29ᵉ D. R. du XIIᵉ corps saxon de réserve, sur la Somme champenoise, les VIIᵉ corps actif et de réserve de la Garde, à l'est des Marais, s'ébranlaient en même temps et fonçaient sur l'aile droite de la 9ᵉ armée.

La pression était si formidable, a-t-on dit, qu'on n'y pouvait résister. Mais les mêmes troupes qui plièrent si rapidement sous le choc de la Garde et des hordes saxonnes devaient résister plus tard, sur l'Aisne et devant Verdun, à des pressions autrement formidables. Et il n'y eut d'ailleurs ici, au commencement de l'action, ni résistance ni essai de résistance : tout de suite Normée et Lenharrée furent emportées, et l'ennemi au cœur de la place. Comment cela s'était-il produit et fût-ce, chez ces hommes de l'Ouest, si braves en plein jour contre le danger, la réédition de la grande peur nocturne qui saisit leurs pères de 70 à la Tuilerie et leur fit lâcher sans combat une position considérée comme imprenable ? Rien n'autorise à le penser et, si le coup de Bülow et d'Hausen fut si rude pour nous et presque mortel, il le dut à d'autres causes nullement mystérieuses.

A son imprévu d'abord. Les renseignements du G. Q. G., ceux-mêmes de la 5ᵉ armée, montraient l'ennemi en désarroi complet, malgré les quelques succès tactiques qu'il avait obtenus sur notre centre, et tout près d'abandonner la partie. Le Xᵉ corps de réserve de la Garde et la 13ᵉ division d'infanterie ne se maintenaient sous Montmirail qu'au prix des plus lourds sacrifices : Franchet d'Esperey, pivotant sur sa droite qui restait en liaison avec nous, gagnait toujours vers le Nord et, dans l'énorme trou de 38 kilomètres ouvert entre la Iʳᵉ et la IIᵉ armée allemande, l'armée anglaise, si lente à s'ébranler, commençait à s'engager à son tour. On s'attendait si bien à ce que Bülow, conscient du péril qui le menaçait et ne voulant pas s'exposer davantage à être tourné, rompît le combat, que Foch, dans ses instructions pour la journée du 8 et sans rien changer à ses ordres de la veille, prenait soin d'inviter ses chefs de corps à « faire, dès la pointe du jour, des reconnaissances sur tout le front en vue de déterminer les points encore occupés par l'ennemi ».

Cette recommandation resta-t-elle lettre morte pour le 11ᵉ corps? Elle fut en tout cas exactement suivie par Dubois et par Grosselti. Dubois ordonna même à ses troupes d'entamer immédiatement la poursuite, « si l'on constatait que l'ennemi cherchait à se dérober ». Sur quoi, dès 3 h. 30 du matin, après un tir de préparation systématique d'Humbert et de Grosselti, les régiments Cros et Feller se mettaient en mouvement vers les lisières d'Oyes et de Saint-Gond ; la brigade Blondlat vers la crête du Poirier ; le 151ᵉ vers les Culots ; le 162ᵉ vers Soizy ; le 16ᵉ bataillon de chasseurs à pied vers les Grandes-Garennes. Et, sur ces derniers points en effet, nous constations tout de suite que Bülow avait lâché les positions qu'il occupait la veille. « L'ennemi bat en retraite, lit-on dans le *Journal de marche* de la 42ᵉ division à la date du 8 septembre au matin. Pourquoi? Vraisemblablement ce mouvement a dû commencer dans la nuit

du 7 au 8. » Mais le mouvement ne se précisa pas :
l'ennemi n'avait fait que se replier légèrement vers
Talus Saint-Prix qu'il organisait fièvreusement, et
ce n'était même pas sans nous opposer une assez
vigoureuse résistance qu'il nous abandonnait, à la fin
de la journée, la rive sud du Petit-Morin dont il paraissait décidé à disputer énergiquement la coupure
aux troupes de Grossetti. Le repli volontaire qu'il
avait exécuté à cette extrême gauche de notre ligne
tenait uniquement à l'inquiétude où le mettait la
situation aventurée du X⁰ corps de réserve de la
Garde et de la 13⁰ division d'infanterie, pressés de
plus en plus par Franchet d'Esperey et obligés
finalement de lâcher Montmirail et Vauchamps.
Sur tous les autres points de sa ligne, Bülow était
encore si peu enclin à rompre le combat qu'il l'engageait avec une violence frénétique, dès 3 heures 30
du matin, à l'est des Marais, et, vers 2 heures de
l'après-midi, à l'Ouest, sur Broussy-le-Petit et la
croupe de Montgivroux. « A la suite des engagements du 7, pourra très justement écrire le général
Dubois dans son *Historique du 9⁰ corps à la bataille
de la Marne*, il était resté un doute sur le but pour-
suivi par l'ennemi. On se demandait s'il voulait,
soit faciliter par une énergique offensive de son
centre le mouvement de repli de son armée de
droite, soit plutôt tenter un suprême effort pour
briser notre centre et couper en deux les armées
françaises. C'est cette dernière impression que lais-
saient les attaques du 8 et que devaient confirmer
celles du lendemain, attaques de plus en plus vio-
lentes, où l'on eût dit que l'ennemi jouait son va-
tout. » Et l'on conviendra que ce n'est point là —
bien au contraire — l'attitude d'un chef sans énergie

et qui flotte au gré des événements. Mais les coups de désespoir ne peuvent réussir à moitié : il leur faut la réussite immédiate et complète. Et celui-ci, grâce à la constance de Foch, ne devait aboutir qu'à un demi-succès.

Il avait pourtant bien commencé et l'on peut dire que jamais armée ne fut dans une situation plus critique que l'armée Foch entre le 8 septembre et l'après-midi du 9. Tout y aida, outre l'imprévu : la faiblesse du commandement (Eydoux) sur le point de la ligne attaquée, une sûreté inexistante, des troupes de couverture (93e notamment) engourdies par leurs libations imprudentes dans les caves de la contrée[1] et à qui les premiers rangs ennemis, pour achever leur confusion, se présentaient en capotes et avec les sonneries des fantassins français[2]. Foch sans doute n'avait qu'une confiance médiocre dans la solidité d'Eydoux[3]; mais il lui avait envoyé la veille au soir la 18e division (Lefèvre) qui venait de débarquer à Troyes et il pouvait croire qu'ainsi calée la ligne tiendrait. Et peut-être eût-elle tenu en effet avec un chef qui aurait donné aux divisions de granit qui la composaient une cohésion moins incertaine. A 7 heures du matin, le 8, dans le moment même où Grossetti

1. Cf. *La Guerre en Champagne* : « Dans ces batailles des Marais de Saint-Gond, il y eut des pertes égales de part et d'autre, y compris la tuerie de Fère-Champenoise où un régiment français, surpris dans le sommeil, fut égorgé par l'ennemi, les fusils étant restés en faisceaux derrière les tranchées. »

2. Cette ruse infâme avait déjà été employée à notre gauche par les Allemands contre les troupes d'Humbert. Elle fut constante d'ailleurs chez l'ennemi jusqu'à la fin des hostilités.

3. Dubois semble y avoir moins cru encore, comme en témoigne la communication qu'il adressait dans l'après-midi du 7 à Eydoux où il le « suppliait » de ne pas découvrir sa droite.

et Humbert entraient sans coup férir à Soizy et à
Oyes et fortifiaient ainsi notre créance dans les
intentions de retraite prêtées à Bülow, Foch appre-
nait que toute son aile droite était enfoncée sur une
profondeur de 4 kilomètres.

Nous ne tenions plus que par des fractions isolées dans les petits bois de pins qui rompent la
monotonie de cette partie de la Champagne pouil-
leuse. Et, si ce n'était pas la débâcle complète,
cela en approchait singulièrement. Toutes les formations étaient mêlées. J'ai raconté ailleurs [1] comment, vers une heure de l'après-midi, dans un petit
bois, à 2 kilomètres de Fère, deux cents hommes
du 66° et du 32° se trouvèrent ainsi brusquement
cernés. Leurs officiers étaient morts ou disparus.
Il ne restait plus que quelques gradés, dont un
sergent-major du 66° nommé Guerre, en qui s'éveil-
lèrent tout à coup l'âme audacieuse et le caractère
réfléchi d'un vrai chef.

L'ennemi grouille sur le plateau, mais Guerre ne
songe pas un moment à se rendre. C'est que le
drapeau du 32° se trouve là, avec un sergent-
major au bras fracassé, un sergent-fourrier, un
soldat et un sapeur, tout ce qui subsiste de sa
garde, et Guerre ne veut pas que le drapeau tombe
entre les mains de l'ennemi. L'ascendant qu'il a
pris sur sa petite troupe est tel que les adjudants,
d'un accord tacite, lui cèdent le commandement. Il
divise ses hommes en quatre sections et organise
rapidement la défense du bois, qui a la forme d'un
rectangle, une section sur chaque face. Les souvenirs de la légende napoléonienne l'enflamment.

1. V. mes *Marais de Saint-Gond* (Plon, édit.).

— Ce sera le carré de Waterloo, dit-il à ses hommes. Nous avons un drapeau à défendre. Nous resterons ici jusqu'au dernier.

— Oui, chef ! Oui, chef ! crient ses hommes, gagnés par sa merveilleuse ardeur.

Sûr de lui, de sa supériorité tactique, l'ennemi s'avançait en formation de marche sur colonne par quatre.

— Laissez-le approcher, dit Guerre.

Et, seulement quand l'ennemi fut à bonne portée, il commanda le feu. Les Boches, surpris, se débandèrent, mais pour revenir avec une batterie de 77, qui s'installa à cinq cents mètres du bois. Nos rangs s'éclaircissaient, le bois devenait intenable. Alors Guerre décida qu'on tenterait une sortie.

— Je partirai le premier avec ma section, dit-il. Si je réussis à passer, suivez-moi. Si je tombe, comme c'est probable, prenez par un autre côté avec le drapeau.

Il partit, mais n'alla pas loin. Contrairement à ses ordres, ses hommes se serraient autour de lui, au lieu de s'espacer. Une salve de mitrailleuses les faucha. L'adjudant Ferdor et le sergent Sauzeau, qui avaient pris le commandement des autres sections, furent plus heureux et réussirent à traverser les lignes ennemies avec le drapeau. Partis cent vingt, ils n'étaient plus qu'une trentaine en arrivant. De la garde même du drapeau, il ne restait que le sapeur. Ce fut lui qui, le soir, eut l'honneur de remettre le glorieux emblème au colonel du régiment.

Le reflux du 11ᵉ corps avait été si brusque que ni la division Lefèvre ni la division Joppé n'eurent le temps de se ressaisir. La 32ᵉ brigade notamment,

qui bivouaquait sur la route de Fère-Champenoise
à Normée, derrière la division Pembet, fut presque
entièrement détruite ou faite prisonnière. « Sa
sûreté rapprochée, ses liaisons avec le 11ᵉ corps
ne purent-elles fonctionner ? demande Dubois. Comment, au bruit de la fusillade, au passage des
fuyards, les régiments ne se déployèrent-ils pas
ou ne s'échelonnèrent-ils pas ? » Il est malaisé
encore de le dire. Mais l'ébranlement de la ligne
était tel qu'il se communiquait bientôt aux troupes
mêmes du 9ᵉ corps. « Vers 4 h. 30, écrit le témoin
précité, un violent incident se produit à la droite
du général Moussy. Des unités en désordre appartenant au 11ᵉ corps (291ᵉ, 292ᵉ et 65ᵉ d'infanterie) re-
fluent dans le secteur du 90ᵉ et dans les batteries
de l'artillerie de la 17ᵉ division. Pour rétablir
la situation, Moussy engage les éléments disponibles du 90ᵉ et garnit avec un bataillon de
ce régiment les lisières du bois à l'est du Champ-
de-Bataille [1]. Mais la brigade de droite (Dour-
soult) de la 52ᵉ division se laisse entraîner par
les unités en désordre du 11ᵉ corps et découvre
entièrement le flanc de la 17ᵉ division ». Moussy se
voit contraint de replier sa droite, et ainsi l'ordre
donné par Foch, à 7 h. 30 du matin, de Pleurs,
au 9ᵉ corps, de se lier étroitement avec le 11ᵉ corps
et la 18ᵉ division vers Fère-Champenoise pour
occuper et maintenir cette ville « à tout prix », est
à peu près rendu inexécutable. Le 11ᵉ corps, d'ailleurs, totalement désagrégé, et la 18ᵉ division,
réduite à la brigade Guignabaudet, n'avaient plus
que des squelettes d'effectifs ; la 60ᵉ division, rejetée

1. Lieu dit, au sud de Morains-le-Petit, dont le nom vient du
combat soutenu en 1814 par les gardes nationaux de Pacthod.

de Sommesous, ne valait guère mieux. A 10 heures du matin, clairons et fifres en tête, la 1re division de la Garde faisait son entrée dans Fère [1] et ce qui restait de notre aile droite, brisée, s'abattait au sud de la Maurienne [2].

Les quelques gains tactiques que la 42e D. I. et la division marocaine avaient faits à notre gauche étaient loin de compenser la perte de la ligne de la Somme et

1. Radio de Bülow capté par notre service de renseignements : « IIe *armée au G. Q. G.*, 8 *septembre*, 11 *h.* 45. — La 1re division de la Garde est déjà à Fère-Champenoise. Une action énergique est demandée à la 3e division de la Garde, la droite à Connantre. L'ennemi cherche à envelopper la droite de la IIe armée. Je n'ai plus de réserves ».

2. Chose curieuse, cent ans plus tôt, les mêmes lieux avaient été les témoins d'une surprise et d'une déroute semblables de nos armées. « Le 25 mars 1814, un combat eut lieu non loin de Lenharrée. La veille, Marmont, partant de Vertus, et Mortier, partant d'Etoges, dans le but de rejoindre Napoléon aux environs de Saint-Dizier, arrivèrent le soir, le premier à Soudé-Sainte-Croix, le second à Vatry : leurs troupes, fortes d'environ 30.000 hommes, étaient échelonnées entre ces deux villages. Et tout à coup, le 25 au matin, alors que Mortier, assez inquiet, arrivait à Soudé réveiller Marmont, les divisions françaises furent inopinément attaquées par les troupes alliées. Repoussées au delà de Sommesous, elles se reformèrent en bataille sur la hauteur au-dessus de Chapelaine jusqu'à Vaurefroy. Malgré une vigoureuse résistance, elles durent évacuer la position, se retirant, la droite sur Connantray, la gauche sur Lenharrée. Le général russe, Phalen, à la tête de la cavalerie légère, débouchant sur Lenharrée, s'empara de quatre canons (dont une épave, un caisson d'obus de 6 pouces, se voit encore à Lenharrée chez M. Arthur Félix), culbuta nos cuirassiers et mit en déroute les dragons du général Roussel, qui, envoyés au secours, furent pris de panique et se sauvèrent jusqu'à Connantray. Il était alors 2 heures de l'après-midi : un violent orage accompagné d'une pluie torrentielle, battant les hommes au visage, vint compléter le désarroi des troupes françaises, qui s'entassèrent dans le défilé de la Vaure à Connantray, y abandonnèrent caissons et canons, traversèrent Fère-Champenoise et se retirèrent sur les hauteurs d'Allemant, tandis que les alliés occupaient un demi-cercle s'étendant de Broussy-le-Grand à Pleurs. Telle fut la journée du 25 mars ». (*Histoire de Lenharrée* par Th.-P. Brisson, éditée et complétée par l'abbé A. Millard).

Cliché Le Deley.

Gourgançon.
(Point d'arrêt des armées allemandes.)

la chute de Fère, mais ils nous donnaient du moins toute sécurité pour l'une de nos ailes que Franchet d'Espérey d'ailleurs, avec cet esprit de camaraderie qui est peut-être la plus rare des vertus militaires, consolidait spontanément en ordonnant au général Deligny d'appuyer à droite sur Charleville et la rue Lecomte [1]. Cette sécurité, l'apparente inaction de l'ennemi à notre centre, allaient être immédiatement utilisées par Foch. Dubois s'était étendu sur la gauche avec le 77° pour soutenir l'attaque conjuguée d'Humbert et de Grossetti. « Vite, lui crie Foch, portez à droite toutes vos forces disponibles, *même celles du centre qui n'ont rien à faire.* » Et, à peine le mouvement exécuté, tandis qu'un élément de la 18° division, le 114°, disputait âprement à Kirchbach le passage de la Maurienne et l'arrêtait devant la cote 128, il déclanchait sur Fère-Champenoise, avec les débris du 11° corps, la 52° division et les éléments disponibles de la 17°, une première contre-offensive qui n'emportait pas la position, mais qui empêchait du moins la Garde d'en déboucher. Dans la soirée encore, il reprenait le bombardement de Fère. Visiblement l'ennemi avait donné le plein de son effort et, quoique Bülow, avec une sûreté de coup d'œil remarquable, eût mis à profit l'affaiblissement de notre centre pour y diriger dans l'après-midi une attaque vigoureusement conduite qui lui rendit toutes les positions que nous lui avions enlevées le matin, il lui fallait bien reconnaître en fin de journée qu' « un succès décisif n'avait pas encore été obtenu par la II° armée [2] ».

1. Louis Madelin : *Le Chemin de la Victoire.*
2. *Mon rapport sur la bataille de la Marne.*

Ch. Le Goffic. 6

son flanc droit pantelait de plus en plus sous les coups de Franchet d'Espérey et de ce 3º corps, commandé par Hache, dont les divisionnaires s'appelaient Pétain et Mangin : Bülow n'en avait pu éviter l'enveloppement qu'en le ramenant vivement « en arrière jusqu'à la ligne Margny-Le-Thoult[1] ». Mais demain le péril renaîtrait, l'étau se resserrerait, si Kluck n'arrivait pas à se dégager sur l'Ourcq et à se ressouder avec la IIᵉ armée. Se flattant qu'il y réussirait et jouant son « va-tout » sur cette carte de fortune, Bülow ordonna, dit-il, « pour le 9 septembre, la continuation de l'attaque par l'aile gauche, qui avait d'ailleurs été renforcée dans la journée du 8 par la 24º D. I. de la IIIᵉ armée ». Foch, de son côté, rassemblait son effort pour une nouvelle contre-offensive. Rien ne le démontait. « Le clou de la journée de demain, écrivait-il en postscriptum à ses instructions de la nuit (8 septembre, 22 heures), va être de déboucher par Fère-Champenoise. » Mais il fallait d'abord reprendre Fère, et avec quoi ?

Seule, notre aile gauche tenait bon. Il y avait là la fameuse 42º division de Verdun, étayée d'ailleurs par une des divisions du 10º corps, et la division marocaine, restée en l'air par le départ du 77º et qui s'accrochait désespérément au rebord oriental du plateau de Sézanne : la 1ʳᵉ compagnie du bataillon de zouaves Lachèze perdait à elle seule, devant Oyes, tous ses gradés moins un et les deux tiers de son effectif. Par Soizy, le bois de la Branle et Chapton, l'ennemi essayait de se glisser vers Broyes, tandis que, par la rive méridionale des

----

1. *Mon rapport sur la bataille de la Marne.*

Marais et le Signal-du-Poirier, il resserrait son
étreinte autour de Mondement.

Mais le vieux château féodal, massif cube de
pierre posé sur une falaise qui commande les
Marais, malgré un bombardement formidable continuait à résister : tirailleurs et zouaves y faisaient
des prodiges avec Blondlat, Cros, Feller et la
souple artillerie du 49°. La situation cependant était
précaire : dans la soirée du 8, une brigade tout
entière de Hanovriens avait pu se glisser jusqu'aux
tranchées creusées par l'ennemi au pied du château,
après qu'il eut emporté Reuves et Oyes. Elle en
sortit à l'aube et se jeta sur Mondement. Le château
tomba, livrant avec lui la clef des Marais. Et, quelques heures après, à notre droite, pour achever le
désastre, l'ennemi nous chassait de Gourgançon ;
Moussy lâchait le Mont-Août ; L'Espée évacuait
Mailly...

Tout semble perdu. Une illumination de Foch va
tout sauver. Peu importe que Bülow, au moment
où son irréductible adversaire passe de la pensée à
l'acte, se soit déjà ravisé : le plan de Foch est né la
veille au soir, quand aucune velléité de retraite ne
se manifestait encore chez Bülow et chez Hausen,
si bien décidés à exploiter largement leur succès de
la journée qu'ils renforçaient leurs troupes d'attaque d'une nouvelle division saxonne, et Foch,
ce même soir, s'est entendu pour son exécution
avec Franchet d'Espérey. Bülow pourra plus tard
passer sous silence la fameuse « manœuvre par les
cordes » de son adversaire et attribuer à d'autres
causes son brusque désistement personnel ; mais,
d'abord, s'il s'était résigné à la retraite dès le
matin « en plein accord, dit-il, avec le délégué de

l'O. H. L., lieutenant-colonel Hentoch[1] », il n'en donna l'ordre pour une partie de ses troupes qu'à 1 heure de l'après-midi et, pour les autres, beaucoup plus tard. En outre il n'était pas seul en jeu et la manœuvre de Foch visait autant les troupes saxonnes de von Kirchbach que les siennes. Et il est vrai cependant qu'il y eut d'autres causes, plus opérantes, au désistement de Bülow, lequel entraîna celui d'Hausen, et la première de toutes : l'entêtement de Kluck à ne considérer que sa propre bataille, d'où l'étirement excessif de la ligne allemande et enfin la rupture de liaison qui s'ensuivit et que Franchet d'Espérey avait si remarquablement mise à profit. C'est toute la 5ᵉ armée française qui va retomber de tout son poids sur le flanc de la IIᵉ armée allemande, tandis que l'armée anglaise prendra la 1ʳᵉ à revers ; ce qui n'était hier qu'une menace est en train de devenir la réalité d'aujourd'hui. Franchet d'Espérey et French ont le champ libre devant eux. Maître de ses directions, Franchet peut nous prêter son 10ᵉ corps au complet ; Foch enlève alors de sa gauche la 42ᵉ division et la porte à sa droite où il compte qu'elle pourra entrer en action vers midi. Tous ses ordres sont déjà donnés pour la reprise immédiate de l'offensive.

« La 42ᵉ division, mande-t-il de son Q. G. de Plancy, à 10 h. 15, arrivera sur le front Linthes-Pleurs. Quelle que soit la situation plus ou moins

1. Radio de Bülow : « IIᵉ *armée à* Iʳᵉ *armée, 9 septembre,* 1 *h.* 15. — L'aile droite de la IIᵉ armée est retirée sur la ligne Le Thoult-Margny. La D. C. C., qui a tenu jusqu'à 8 heures du soir vers Dollan (sans doute le Dolloiz, affluent de la Marne), se replie sous la poussée de l'ennemi dans la direction de Condé-en-Brie. La 5ᵉ D. C. est refoulée sur la rive nord de la Marne ».

reculée du 11e corps d'armée, nous comptons
reprendre l'offensive avec cette 42e division d'infanterie sur Connantre et Corroy, offensive à laquelle
le 9e corps d'armée aura à prendre part contre la
droite Morains-Fère-Champenoise. La 42e division
d'infanterie est en route depuis 8 h. 30 et sera en
mesure d'agir vers midi. »

Elle ne devait arriver qu'après 4 heures du soir
et quand l'effort ennemi, qui avait atteint son
maximum de violence à 2 h. 45, où le Mont-Août
nous était enlevé par la Garde et où les troupes
saxonnes pénétraient dans Gourgançon, commençait seulement à se ralentir sans qu'on en comprît
bien la raison. C'est que, dans l'intervalle, Bülow
avait transmis à la Garde et aux divisions saxonnes
l'ordre, tant de fois différé et auquel il se résignait
enfin, de battre en retraite sur toute la ligne[1], —
et l'on aura peine à croire, malgré tout, que l'entrée
en scène imminente de la 42e division ait été totalement étrangère à cette résolution : de l'avis de bons
juges, comme le général Boichut, à qui nous fai-
sions part de nos doutes quand nous écrivions nos
Marais de Saint-Gond, la manœuvre de Foch fut
probablement, sinon la raison principale, du moins
la raison finale qui emporta les dernières hésitations
de Bülow[2].

1. Radio de Bülow : « IIe *armée à* IIe *C. G.*, 9 *septembre*,
15 *h.* 15. — Le G. Q. G. ordonne de se retirer, la Ire armée sur
Soissons, la IIe armée sur Epernay et Saint-Quentin (vraisemblablement Saint-Quentin-des-Marais, 8 kilomètres nord-ouest de
Vitry-le-François). Une nouvelle armée est en formation. »
« IIe *armée à G. Q. G.*, 9 *septembre*, 14 *h.* 30. — La Ire armée
bat en retraite. Son aile droite est à Coulombs-Candelu. La IIe armée suspend ses attaques, qui progressaient lentement, et gagne
la rive nord de la Marne, son aile droite à Dormans. Un envoi
prochain d'hommes de remplacement est de nécessité urgente. »
2. « Un aviatik nous survolait depuis Broyes, nous disait le

On sait le reste et comment Foch, sitôt la
42ᵉ division en main, reprit immédiatement l'offensive. Ses troupes étaient à bout de souffle ; Eydoux,
dans son affolement, avait reculé son Q. G. jusqu'à
l'Aube, derrière celui du chef de l'armée, et l'ennemi
enfin, pour masquer son mouvement, s'était couvert
partout de solides arrière-gardes « pourvues d'une
forte artillerie »[1]. Elles ne nous empêchèrent pas de
reprendre Mondement dans la soirée même et, si
la 42ᵉ division, trompée par elles et craignant de
s'engager par nuit noire en terrain mal connu, se
contenta de bombarder Connantre, un élément de
la 17ᵉ division, plus audacieux, poussait droit sur
Fère qu'il traversait à 1 heure du matin, dans la
nuit du 9 au 10, et touchait Morains à 5 h. 30. C'est
cet élément, commandé par le colonel Simon, qui,
de Fère, renseigna Foch sur la réalité de la retraite
ennemie. Et Foch, dès ce moment[2], ne laissait plus
de répit à ses chefs de corps. Il n'avait qu'un mot
à la bouche : « Bourrez ! Bourrez ! » Tous ne « bour-
raient » peut-être pas avec la même énergie : L'Espée
et Legrand[3] perdaient un temps précieux à Mailly :

général Boichut qui commandait, dans la division Grossetti, les
trois groupes du 61ᵉ régiment d'artillerie (les deux groupes du
46ᵉ R. A. étant commandés par le colonel, aujourd'hui général Coffec) et il ne put manquer de porter à Bülow la nouvelle de notre intervention imminente. »

1. *Mon rapport sur la bataille de la Marne.*

2. Voir plus loin notre entretien avec le Maréchal.

3. Commandant du 21ᵉ corps, d'abord aux ordres de Langle
de Cary et qui avait été adjoint à Foch le 11 : c'est ce corps
qui, avec la division de cavalerie de l'Espée, était chargé de
boucher le trou du camp de Mailly. Foch lui avait donné l'ordre
de foncer sur la Marne dans la direction de Sainte-Menehould
pour enlever le pont : son peloton de cuirassiers s'en était
emparé, mais Legrand arriva si tard avec ses gros que les
Allemands s'étaient déjà repliés.

Lefèvre, qui aurait pu surprendre dans Châlons tout un état-major saxon avec le prince Eitel, attendait que la ville fut évacuée pour y entrer. Mais Dubois, Humbert, Grossetti talonnaient de si près Bülow qu'en maints endroits sa prétendue retraite stratégique se changea en déroute. Le 12 enfin, Foch installait son Quartier Général à Châlons. La rive sud de la Marne était nettoyée de son dernier ennemi et à Mgr Tissier, qui le complimentait de ce beau résultat, le vainqueur de Saint-Gond répondait modestement par le verset de l'Ecriture :

— *Non nobis, Domine, sed nomini tuo da gloriam.*

DEUXIÈME PARTIE

Telle fut la bataille des Marais de Saint-Gond. A
la distance où nous sommes des événements, après
la publication des rapports allemands et avec ce
que nous savons des rapports français, il est assez
aisé de se la représenter dans ses grandes lignes.
Mais quelle impression fit-elle sur le moment aux
acteurs et aux témoins du drame ? Nous en avons
évoqué trois : un chef, le général Moussy, commandant par intérim la 17e division ; un gradé, le sergent Charles Penther, du 19e d'infanterie, et un
civil, l'instituteur Roland, de Villevenard (Marne).
C'est eux maintenant qui vont parler ou plutôt
leurs carnets de campagne, encore inédits et que
nous publions dans l'état même où ils nous sont
parvenus. Et il est vrai que le style en est quelquefois télégraphique. Mais, si sommaire, haché, tré-
pidant, que ce style a de vie, d'humour, de liberté,
et quelle émotion poignante, çà et là, s'en dégage !
Et, aussi, comme les plus grands événements, vus,
dirait-on, par le gros bout de la lorgnette, y tiennent
peu de place, se réduisent, s'amenuisent presque
jusqu'à l'insignifiance ! On en jugera par les feuil-
lets qui suivent et qui sont détachés du carnet
de l'héroïque Moussy.

1

LE CARNET DU GÉNÉRAL MOUSSY

Mercredi 2 septembre 1914. — Prêts à 4 heures du matin. Départ d'Epoye à 5 h. 30, arrivée à Berru à 7 heures ; bien installés dans maison vide. A 10 heures, j'apprends (par lettre de service du général Dubois) que j'assurerai le commandement provisoire de la 17e division d'infanterie, en remplacement du général Dumas, appelé à d'autres fonctions, jusqu'à ce que le ministre ait fait savoir qui il a désigné pour ce commandement. Organisation de la position 143, Alger, face à Epoye. Les chevaux se reposent bien. Journée calme, dormi habillé.

Jeudi 3 septembre. — Lever à 2 heures et demie. En route par Nogent-l'Abbesse, Sillery-Beaumont, où, à 8 heures, nous sommes arrêtés par un croisement avec les deux divisions de réserve. A 8 heures, incident de l'avion criblé. Un [des aviateurs], indemne, est fait prisonnier. Il excite la curiosité : course des hommes et des civils vers le lieu de la chute, enterrement du tué. Halte à Verzy, à Villers, à Marmery, d'où le 68e a filé par erreur (quelle chaleur !) à Tréfail, enfin à Ambonnay à 1 heure. Déjeuner 2 h. 15. A peine lavé, travaillé et dîné 7 h. 30.

J'apprends que Coquet [1] est relevé [de ses fonctions].
Coucher à 9 h. 15. Bonne nuit.

Vendredi 4 septembre. — Départ 4 heures matin.
Retards causés par émigrants et coincement dans
tournants difficiles de Condé-sur-Marne. Je coupe la
route, suivie avec le 89°, pour aller de Mareuil au
camp. Le 68° forme arrière-garde, risque d'être
accroché, mais s'en tire grâce au brouillard (départ
du colonel Génot, fatigué). A 8 heures, dégagé à
Jalons, grande chaleur ; à Champigneul à 10 h. 30 ;
halte à la Tour près Poucancy, puis à Renneville
à midi ; arrivée à Voipreux à 2 heures. Déjeuner.
Village vide, voitures d'émigrants pleines d'enfants
et de femmes. Image de la désolation et de notre
impuissance. Une attaque de nuit a été repoussée
aux Petites-Loges, à 3 h. 30, par la 9° compagnie :
3 tués, 12 blessés et le commandant de la compagnie. On a fait 4 prisonniers et rapporté une ving-
taine de casques. On m'en offre un.

Samedi 5 septembre. — Départ 2 h. 45 par Ber-
gères-les-Vertus, Ecury et Fère-Champenoise, pour
OEuvy. Temps frais et couvert jusqu'à 11 heures,
puis soleil et chaud. A Fère-Champenoise, contre-
ordre : au lieu de prendre offensive demain, on va
faire plastron au Mont-Toulon. Hésitation et retard
au C. A. Déjeuner à 2 h. 30. Mouvement délicat.
Demain, on devait reprendre offensive, seulement
derrière l'Aube, et on la prend avant. Pourquoi ?...
Nous sommes ici au-dessous de la ligne Paris-Châ-
lons. Alors les Allemands ne doivent pas être loin

---

1. Le général commandant la 52° D. R., remplacé par un de
ses brigadiers : Battesti.

de la capitale ! Cantonnement excellent à Fère-
Champenoise ; inquiétude jusqu'à minuit sur 135°.
Etat-Major à Vert-la-Gravelle : coucher, à cette
heure là (minuit), et réveil à 3 h. 30 du matin.

Dimanche 6 septembre. — Départ à 4 h. 30, en
auto, à Bannes, à Aulnizeux, la Chapelle[1]; tir sur
Cormont : obus nous ramènent à Bannes. A
9 heures, prêts à l'offensive sur Champaubert. Mais
aucun ordre. Armée allemande se renforce :
135° cède à 10 heures. Alors, ordre reprendre Mont-
Toulon à 10 h. 45. Envoi du 77°. Pris d'écharpe,
11 h. 45, s'arrête Coizard. Mon poste, vers 150
(arbre), pris dans salves shrapnells, obus, explo-
sifs de 105. De 11 h. 45 à 12 heures, avec artillerie :
on s'en tire sans pertes. Mais quelle émotion ! Quelle
fatigue ! Le 135° dépasse Bannes. Impossible de
l'arrêter ; nous restons seuls avec artillerie. Arrêt
aux Meules : un cheval tué. Je vais aux bois, personne : j'obtiens soutien de 52° division de réserve
(58° bataillon chasseurs) qui vient bien à contre-
cœur !!! Nous revenons dans vallon sud de Bannes
de 2 h. 30 à 5 h. 30. Plateau toujours arrosé projectiles direction Bannes, Broussy, à 6 h. 45 aux
bois... d'où débouche la 33° brigade qui va
occuper 154, Bannes, Champ-de-Bataille, Petite-
Ferme. Tout se passe bien. A 9 h. 30, à la ferme
Nozet[2], dîner rapide ; couché dans un grenier ;
réveillé à 1 h. 30 matin.

1. « La Chapelle, f. commune d'Aulnizeux » ; « Cormont,
montagne boisée, commune de Vertus » (Auguste Longnon :
Dictionnaire topographique du département de la Marne).

2. Ou Nozay, « f. commune de Connantre » (Longnon, *ibid.*)
au pied du Mont-Août.

Cliché Ménard, Fontainebleau.

Pont détruit sur le Petit-Morin.

Lundi 7 septembre. — Couché à Ecury, réveillé
tous à 3 heures et 3 h. 30. Départ 4 heures. Tout va
bien. Ordre de tenir. A 8 h. 30 café nous réconforte.
Action du 11ᵉ C. A. (21ᵉ division, Radiguet) qui
cherche à reprendre Morains. Et, au Nord, c'est la
grande bataille d'où dépend le sort du pays. Relativement tranquille jusqu'à 16 heures. Alors je
monte une reconnaissance sur Aulnizeux. Le commandant Jette va l'organiser vers 13 heures. A
16 heures, les Allemands reprennent violente canonnade sur Bannes jusqu'à 18 heures. Puis nous
[dirigeons à notre tour canonnade] sur Morains
jusqu'à 6 h. 30. A 19 heures, nous arrive la nouvelle de l'occupation d'Aulnizeux, apportée par le
sous-lieutenant du génie Boucher ; combinée pour
2 h. 30; elle fut faite et arrêtée à 4 h. 30, reprise à
6 h. 30, conduite par le commandant Jette qui fut
blessé, ainsi que le capitaine Romet. La canonnade
et cette attaque coûtent 120 hommes au 90ᵒ. Le commandant Jette, entraîné par son ardeur, a dépassé
mes instructions et me laisse sans chef d'état-
major.

Mardi 8 septembre. — Au poste de commandement à 4 h. 30. Le commandant Jette a disparu.
Blessé ? Mort ?... Attaque à revers de Grosse et
Petite-Ferme ; fusillade, canonnade, fuite des 291ᵒ,
293ᵒ, 65ᵒ, de ma cavalerie qui reflue en désordre dans
mon artillerie. Recul à 7 h. 30. Suis à 9 heures
dans les bois, ligne *Monts-Août-Puits* (combinaison
du général commandant corps d'armée, une trou-
vaille !!!) Je reprends le commandement du secteur
nord, face à Oyes. A 11 h. 30 je reprends la 17ᵉ division (crevant !!). Attaque monstre à 15 heures,

avec 52° division de réserve sur Fère-Champenoise, que le 11° corps a lâché de 4 kilomètres sud. Q. G. à Ferme Nozet. Il pleut. La marche réussit, violente canonnade à proximité de mon poste. A 6 h. 30, installation Nozet et dîner sous le canon. Je reçois note suivante : « 5 heures du soir, général Dubois commandant 9° corps au général commandant 17° division (Moussy). — Le général commandant 17° division a commis une erreur grave en laissant partir son chef d'état-major avec une petite fraction chargée d'une reconnaissance et de l'occupation d'un village. Le chef d'état-major doit rester au cours du combat avec son chef, et ce sont les officiers subalternes qui doivent être employés aux liaisons avec les unités subordonnées. » — Explication du général Moussy : « Je lui avais donné une heure pour organiser cette attaque. Parti à 13 heures ; il n'est revenu qu'à 19 h. 30, malgré mon *ordre formel*, porté par le sous-lieutenant Boucher, du génie, qu'il avait gardé avec lui et qui était venu à ce moment me rendre compte qu'Aulnizeux était pris ». C'est risqué, mais tant pis. Nuit sur la paille. Vu le sous-lieutenant Ravaux, ancien du 89°, réserviste 245°. Ce régiment est commandé par Lévy, qui fut relevé le lendemain.

Mercredi 9 septembre, — Couvert : la pluie n'a pas duré. Lever 3 h. 30. Retraite probable de l'ennemi. Allons-nous en avant ? Eh bien, non ! Le 11° [corps] a cédé, ainsi que 52° D. R. et, sous une offensive violente, prise à 8 heures par les Allemands, tout recule. On occupait : 1° d'abord la ligne Mont-Août-Puits ; 2° Mont-Août Sainte-Sophie, où l'on tient à peine (90°), 10 h. 30 à 11 h. 30 ; 3° 134, Mont-Chalmont-Linthes. Heureusement les Allemands s'arrêtent à Connantre-Nozet. Je vais jusqu'à Saint-Loup : on y reçoit nouvelle de l'arrivée 42e division et reprise de l'offensive de suite. En avant! 90e, 68e atteignent Nozet. Canonnade, à 8 heures [du soir], d'artillerie 42e division sur Connantre (elle produisait effet certain, vérifié le lendemain). Impossible savoir où sont mes éléments. Je trouve le 135e désemparé : plus de colonel ni officiers supérieurs, et je l'envoie en avant! Règle le mouvement des T. R. à Linthes, où nous couchons de 24 heures à 3 heures. Soirée d'espoir. Mais combien je suis fatigué !

Jeudi 10 septembre. — On pousse sur Morains-le-Petit, où 68e et 97e arrivent à 5 h. 30. (Imprudence, le reste de la division très échelonné.) Aspect des tués, blessés. Nozet détruite, station route Bannes-Fère-Champenoise. Arrivée à Morains 11 heures. Détruit. Odeur !!! Morts !!! Triste ! C'est le revers du vainqueur. Mais la 52e D. R. ne peut enlever Ecury ; action infructueuse, de 5 heures à 7 h. 30, sur Pierre-Morains (68e) et Ecury (90e). Repli sur Morains et bivouac ; couché à la station sur sommier et paille. Ai eu froid ! Note de service : « La 33e brigade a atteint Morains-le-Petit à 5 heures : elle s'y est rassemblée en formation articulée au S.-O. du village, couverte sur le front. Station source du Petit-Morin borne N. du bois, à l'est de Morains. Le poste de commandement du colonel commandant 33e est à Morains-le-Petit, entrée O. du chemin de Bannes. La liaison est établie à droite avec des éléments de la 52e division » P. O. signé : « Boisanger¹ ».

¹. Le capitaine de Boisanger, signataire de cette note, était un les officiers d'état-major du général Moussy.

Vendredi 11 septembre. — A 4 h. 30. En place à Morains. Départ à 5 h. 30 par Pierre-Morains, l'Alsace[1], Petit-Voipreux[2], Villeneuve. Je circule en auto et toujours en avant; à Vertus, vu général Boutigand, nouvelles du général Leleu qui attaquait Pierre-Morains en même temps que nous hier et qui faillit recevoir nos projectiles (manque de liaison !!). Villeneuve de 12 heures à 14 heures. Puis en auto vers le Mesnil, Flavigny. Obliqué vers Ferme Renaissance, Saint-Mard, Rouffy, Pocancy. Orage de grêle. Enfin Bucy 4 heures. Départ à 5 h. 30 sur Athis, entrée 7 h. 30. Ponts sautés partout, colonnes [allemandes] en désordre, abandon matériel ; hier, fait reconnaître par ordonnance Aulnizeux, trouvé corps commandant Jette, tête criblée de balles. Enterré par capitaine Chanoine. Laisse quatre filles. Action lente et timorée de la cavalerie. Logé au château de Mons. Chahut, crainte de canonnade, mais rien. Lever 3 heures. Douleurs au pied qui m'inquiètent.

Samedi 12 septembre. — Les ponts de la Marne sont sautés. A Condé-sur-Marne, sauté à 15 heures. Celui du canal ne l'est pas. On y fait le pont de bateaux. Matinée occupée à passer d'abord sur barques et radeaux, puis, dès 11 h. 30, sur ponts bateaux construits en deux heures. Je reste à Jalons jusqu'à 12 h. 30, puis à Condé (petite place) jusqu'à 6 heures. On fait des prisonniers saxons : l'air satisfait. Un café et du pain frais. Les habitants racontent ce qu'ont fait les Allemands. Pillage,

1. « F. commune de Vertus ». (Longnon, *ibid.*).
2. «ₗMaison isolée de Voipreux » (Longnon, *ibid.*).

emballement sur des voitures. Ont abandonné beaucoup de matériel de l'arrière. Avec de la cavalerie, ce qu'on aurait ramassé !!! Canon à gauche (10° C. A.) jusqu'au soir. Devant nous rien, et cependant tout était préparé !! Retard des deux divisions voisines. Impossible aller Vesle ; alors Isse, Grandes-Loges. Q. G. Aigny (abandonné après combat 11° C. A., le 4). J'ai un lit, mais un bruit énorme qui me fait mauvaise nuit (arrivée à 2 h. 45 en pleine nuit).

Dimanche 13 septembre. — Lever 3 h. 15. Hier nombreuses averses et froid le soir. Matin couvert et froid. En auto à 6 heures aux Grandes-Loges voir 36° brigade partie en retard (cyclistes égarés). Vu général Dubois, toujours occupé de tout ; puis à la 33° par Vandemange : cabaret de l'*Espérance*, route du 89° au camp de Billy-le-Grand, les Petites-Loges. Il fait un vent, une averse ! Puis temps se remet et reste beau, quoique frais. Arrêt d'une heure, 9 à 10 h. 30, renseignements de la cavalerie : retranchement formidable !!! Rien ! Alors, marche sur Septsaulx (renommée de la matelote). Puis, avec l'avant-garde, sur Thuisy, que l'auto suit doucement. Entrée à midi. Une auto du C. A. rejoint, annonce que Prunay est pris par division du Maroc. On cause sous la canonnade d'obusiers de 105. Coups plutôt longs, mais crac... un court tape dans le pignon d'en face et, sur 6, 4 officiers sont blessés : colonel Besse légèrement à la tempe, capitaine Camors, du C. A., à la jambe, Perreau à la jambe plus grièvement, capitaine Bourgens jambe. Moi, rien, ni le capitaine Hench, C. A., qui vomit par effet de commotion. Quel miracle ! Vite un coup d'œil aux blessés, et aux devoirs du commandement ! Prunay est conquis à trois heures et, alors, la 17º division monte l'attaque de Prosnes avec appui de 52ᵉ division de R. De 15 h. 15 à 5 h. 45, artillerie tonne. réussit à jeter désarroi : les fantassins allemands fuient, abandonnant tout. Mais on ne peut occuper Prosnes, brûlant ; il faut bivouaquer à proximité. Retour des corps très tard au cantonnement de Wez-Thuisy. A 3 heures arrivée du général Guignabaudet, nommé au commandement de la 17º division le 6. Je lui passe la consigne à 19 heures et je regagne la 33ᵉ brigade et Thuisy à 21 heures. Je trouve le maire qui me mène à la ferme-château. Quel désordre ! Les Allemands ont tout pillé. J'y laisse les chevaux et je vais en face chez la vieille demoiselle, où je fais préparer à dîner pour mon état-major qui n'arrive qu'à 11 h. 30. Coucher de minuit à 4 heures du matin. Bonne nuit.

II

LE CARNET DU SERGENT CHARLES PENTHER

5 septembre 1914. — Le 19° d'Infanterie, ayant traversé Sommesous, s'arrête sur la route de Mailly, —
à 1 kilomètre de Mailly. — Cette halte est la dernière
de la randonnée. Je me rappelle une longue route
blanche, poussiéreuse, un temps trop beau, et l'immense plaine brûlée par le soleil d'août (nous aussi).
Il n'y a d'ombre nulle part : il n'y a d'eau nulle part.
Dans les puits, taris par la soif de tous les régiments
qui ont passé, il n'y a plus que la craie humide du
fond. On le sait ; mais on se bat pour y faire descendre et en remonter les 30 mètres de corde et le
seau. La soif et la faim sont l'obsession générale.

Des histoires d'ordonnances et des rapports de
cuisiniers « en pied » affirment que nous allons sur
Paris. Le 5 au soir, la halte terminée, nous prenons
la direction Nord. Donc toutes les suppositions s'ef-
fondrent ; avant peu nous reverrons les Boches.
Nous campons dans un petit bois de sapins. La nuit :
patrouilles habituelles. Le calme est seulement trou-
blé par des cris d'oiseaux, qui ressemblent à s'y
méprendre aux signaux de commandement allemand ; d'où quelques fausses alertes, que pro-
voquent surtout notre anxiété et notre ignorance
de tout.

6 septembre. — Nous traversons Haussimont, Vassimont, et arrivons à Lenharrée. Nous y prenons position de combat et surveillons les caves, trop pleines pour des gens qui meurent de soif.

Dans l'après-midi, nous percevons les premiers sons du canon, puis sans tarder, sur les crêtes, les flocons blancs révélateurs. Notre artillerie a repéré, dans les bois de sapins, qui, au Nord, bordent Lenharrée, l'infanterie ennemie. Nous autres (fantassins) ne voyons pas encore grand'chose, si ce n'est de temps en temps les déplacements imperceptibles de petits êtres confondus avec le gris du sol, le vert sombre des arbres... Vers 5 heures, un incident : de deux boqueteaux surgissent à fond de train des cavaliers. Un escadron de uhlans ? — Nous tirons et arrêtons cette tentative de charge, que reprend aussitôt une deuxième masse de cavaliers plus nombreux. Notre artillerie les a repérés et déclanche vers eux un formidable barrage. Après trente secondes, il ne reste rien que, sur la crête, les silhouettes découpées de chevaux qui fuient, qui ruent, blessés, ou se sont arrêtés, broutant. Quelques égarés viennent vers nous : l'un a le ventre ouvert ; il meurt peu après et son cadavre reste sur la route. Un autre sans blessure, beau cheval, est pris par moi et emmené par les gendarmes.

Le 19e, en position sur les coteaux qui dominent Lenharrée, tire sans arrêt sur des objectifs en mouvement dans la plaine. Ma section avait pour mission de garder la route de Vassimont. Elle était donc établie à l'entrée du village, à 400 mètres environ de Lenharrée. L'ennemi ne fait aucune tentative de ce côté. Par contre, il doit se passer dans le bas-fond quelque chose de sérieux, car, dans la nuit, subitement, nous entendons une fusillade, brève d'ailleurs, puis, peu après, des cris de massacre. Je n'ai jamais su ce qui s'était passé ; mais, après cette affaire, qui fut chaude, je crois, on rapporta le lieutenant Gay, tué d'une balle au front (enterré maintenant au cimetière de Lenharrée et dont la tombe fut bouleversée le 7 par un obus), un soldat délirant dont les entrailles pendaient, un cavalier fou qui hurlait dans la nuit au rythme du pas, sonore sur la route, de son cheval blessé...

Les faits d'ensemble nous étant inconnus, la curiosité s'émousse et, d'autre part, un soldat ou un sergent ne peut pas voir au delà de sa section — surtout dans la nuit.

7 septembre. — Le 7, au matin, dès l'aube, la fusillade reprend. Ma section a pris position sur la crête en avant de Lenharrée, une partie à découvert, une partie dissimulée par une haie à gauche, un gros arbre à droite. Nous sommes criblés d'obus, 77, 105, 150 peut-être, quelques 210, mais je n'en suis pas sûr. L'infanterie allemande tente toujours d'avancer, mais elle a fort à faire et ne réussit pas. Nous tirons sans arrêt : l'artillerie couvre de flocons blancs les bois de sapins en avant de nous. Toutes les tentatives d'avance sont arrêtées, et le Boche doit savoir ce que sa témérité lui coûte. En revanche les 77, 105, 150 font autour de nous de grosses gerbes noires de fumée, de terre, de cailloux, avec, au-dessus de nos têtes, les déchirements secs et verdâtres de la cheddite qui explose dans sa boîte de fonte ; les mitrailleuses s'en mêlent, fauchant les brindilles et faisant voler de petits nuages de poussière ; leurs ricochets bourdonnent comme des chats

qui miaulent, tandis que les balles de plein fouet
cinglent comme un frelon qui passe très vite. Mais
tous les obus et toutes les balles font le même bruit
et je n'en parle ici que parce qu'en cette matinée
extrêmement sereine du 7 septembre les bruits
étaient facilement perceptibles et que le calme de la
nature (si ce n'est celui des hommes) prédisposait
peut-être à cette curiosité analytique.

A 16 heures, un 150 éclate sur un gros arbre, à
Lenharrée, l'abat et tue 11 soldats, dont mon frère
Lucien. Je n'oublierai jamais le spectacle de ce coin
de bataille et je n'essaierai pas de décrire le char-
nier rouge que j'ai vu.

A partir de ce moment il y a de grandes lacunes
dans mes souvenirs. J'ai essayé d'enterrer mon
frère et, le soir venu, je promenais une lanterne
dans ce coin sanglant duquel je ne pouvais m'arracher. Des soldats ou des officiers, venus pour me
faire éteindre ma lumière (il paraît qu'on me tirait
dessus) n'ont pas compris ce que je faisais là, malgré mes explications, et je n'ai pas compris qu'ils
ne comprissent pas.

Bref, on me fait emmener en arrière par des camarades de ma section, et je traverse, titubant,
Lenharrée en feu, escaladant des charpentes enflam-
mées ou me perdant dans le noir.

8 septembre. — Le 19ᵉ avait quitté ses positions et
été mis, disait-on, au repos derrière la voie ferrée
Lenharrée-Sommesous, à 1 kilomètre environ en
arrière de Lenharrée. Ma compagnie (ou ses débris)
était placée, si on regarde vers l'Est, à 300 mètres
environ de la station, à gauche, en une excavation
caractérisée par un passage de caniveau sous la

La grande tombe de Lenharrée.

voie ferrée. Vers 4 heures du matin, quelques obus nous sortent brusquement de l'état de léthargie où nous avait plongés notre immense fatigue. Nous prenons rapidement position sur le talus de la voie ferrée d'où, bien qu'il fasse à peine jour, on découvre la plaine, en avant de nous, entre Lenharrée et nous. Mais quoi ! c'est une cohue, et la plaine grouille de troupes qu'il est impossible d'identifier. Des officiers près de moi commandent le feu : ils croient avoir reconnu les Allemands ; d'autres crient à la méprise et essaient de faire cesser le feu : ils croient avoir reconnu les uniformes français. A la vérité les uns et les autres (comme la suite nous le prouva) ont raison, mais leurs ordres contradictoires jettent le trouble parmi nous. Je traverse la voie ferrée par le tunnel du caniveau afin de tirer au clair cette énigme. A peine me suis-je montré qu'une rafale de balles s'écrase autour de moi sur les parois du tunnel. Je suis d'ailleurs amplement renseigné, car j'ai entendu distinctement, tant les Boches, déployés en tirailleurs, sont déjà près de la voie, les ordres en langue allemande que lançaient leurs officiers.

Dans l'intervalle le jour s'est levé. Et la situation, déjà critique, achève de se gâter tout à fait : vers 7 heures du matin, nous nous apercevons que des balles, en arrière de nous, au-dessous de nous, font voler en éclats les pierres du remblai : des mitrailleuses boches se sont insinuées à droite et à gauche à la faveur du désordre, de la nuit, etc., et nous canardent dans le dos. Plus de doute : l'ennemi a débordé les positions de Lenharrée.

Mais comment ? Par quelle ruse ou par quelle trahison ? L'explication est plus simple, hélas ! Crevant de soif et de faim, le régiment qui nous a remplacés s'est répandu dans les caves de Lenharrée et s'est fait surprendre et massacrer sans résistance. D'où la pagaye de la nuit et cette confusion d'uniformes, que le Boche a tout de suite exploitée pour tenter de nous surprendre à notre tour. Bref, au moment où nos officiers s'aperçoivent que nous sommes cernés, deux solutions se présentent et j'entends entre eux, tout près de moi, leur discussion rapide pour l'adoption de telle ou telle ligne de conduite : la charge à la baïonnette pour nous dégager — ou le repli vers les bois, à travers 500 mètres de plaine. La charge est d'abord adoptée, car nous mettons baïonnette au canon — et nous nous préparons à traverser la voie ferrée ; puis la deuxième solution l'emporte. Le 19° (et autres débris disparates de régiments qui composent la précaire défense de la voie ferrée) quitte sa position et se jette en plaine... Le Boche grimpe aussitôt sur le talus (il y a là, entre autres unités, le 2° grenadier de la Kronprinzessin, car j'ai lu ces indications sur une musette allemande et sur un bidon) et, comme à la cible, tire à répétition sur nous. Un vrai massacre.

Je ne sais comment j'y échappai, étant parti dans les tout derniers. Le fait est que j'en fus quitte pour une simple balle dans le poignet et, à la distance où je me trouvais des tireurs, j'aurais pu tomber plus mal. Les bois devant nous étaient bombardés, mitraillés. Il pleuvait des shrapnells et des balles de partout. Ce pauvre Lenharrée, que nous avions victorieusement défendu pendant trois jours, l'ennemi maintenant en était maître. Toute la ligne avait craqué. Et notre artillerie même ne ripostait plus...

III

LE CARNET DE L'INSTITUTEUR ROLAND

Mercredi 2 septembre (Villevenard). — Les journaux sont lus avidement et anxieusement par la population. La poste fonctionne irrégulièrement, et les femmes, les parents, attendent fièvreusement les courriers. Quelques pleurs, mais aucune récrimination.

Jeudi 3 septembre. — Le canon s'entend au loin, direction de Vervins. Les aéroplanes arrivent nombreux et atterrissent à Champaubert. De la cavalerie de remonte, venant du Camp de Châlons et se dirigeant vers Montereau, loge au village. 4 sacs d'avoine et 500 kilos de foin environ sont réquisitionnés. Le facteur-receveur apporte, le soir, une dépêche préfectorale informant les instituteurs institutrices qu'ils sont rendus libres. Le maire annonce, par voie de tambour, que les habitants doivent avoir déposé les armes en leur possession à la mairie. Le facteur-receveur est avisé de faire expédier le matériel mobile des postes et la comptabilité à Sézanne. D'autre part, tout est calme et silencieux ; aucun effarement ou affolement.

Vendredi 4 septembre. — A 1 heure du matin,

nous sommes réveillés par les aboiements du chien et un coup de sonnette. Deux femmes de gendarmes de la brigade d'Etoges, avec leurs jeunes enfants, viennent nous demander l'hospitalité jusqu'au matin. Les émigrés affluent par longues files de voitures qui encombrent les routes. A 10 heures du matin, un officier se présente à la mairie pour préparer le cantonnement de la 51ᵉ division. L'après-midi, le 243ᵉ débouche dans notre rue. Le bureau du général est installé à la mairie ; il loge à la poste, le colonel à l'école. Des bruits circulent : c'est le dernier jour du repli. Les officiers supérieurs, consultés, ne savent s'ils doivent me conseiller de cacher ma collection. On verra demain matin. Le départ subit des troupes a lieu à 11 heures du soir.

Le capitaine de gendarmerie a laissé l'ordre au maire de faire connaître aux habitants qu'ils ne doivent pas émigrer et nous ne voulons pas, le lendemain, prendre la responsabilité de confier cet ordre au tambour : chacun est laissé libre d'agir à sa guise.

Samedi 5 septembre. — Des troupes de toutes armes, infanterie, artillerie, cavalerie, défilent vers les Marais. Des blessés font connaître que l'artillerie allemande, placée vers Montemont, les a canonnés à Etoges. Un commandant du 10ᵉ d'artillerie a besoin d'une carriole pour transporter de la viande. Nous lui indiquons celle de M. Renard (Bénoni) : nous l'accompagnons et il en fait l'acquisition. Dans l'après-midi, un avion allemand survole dans la direction de Villevenard, venant d'Etoges : un avion français s'avance à sa rencontre et, après un échange de coups de feu, l'ennemi rebrousse chemin.

Je propose une fusée paragrêle à 1.600 mètres, mais le Génie n'accepte pas. M. Barnier (Anatole), domestique de M. Valet, est réquisitionné pour transporter les blessés vers Broyes. M. Truchon conduit aussi, avec ses attelages, du matériel vers Sézanne. Ils n'ont pu rentrer qu'après la bataille. Quelques habitants sont partis.

LA BATAILLE. — A 3 h. 30 [5 septembre], le son du canon se rapproche : il est décidé de chercher un refuge dans les grottes, à 300 mètres du village, sur le flanc de la colline de Chènaille : les familles Faulier, Thibault, Basset, Hiernand, Landréa, Barnier (Anatole), Barnier (Armand), Dagonet, veuve Guilbot, Canal, Roland, etc., s'y rendent avec quelques paquets, faits en hâte, de leurs objets les plus précieux. D'autres personnes se retirent dans leurs caves. A 4 heures, le canon tonne dans la direction de Saint-Prix. A 6 heures, il se fait entendre sur Coizard, colline du Razet ; la fusillade et les mitrailleuses s'entendent distinctement du côté de l'étang de Chenevry, au bas de Joches. A partir de 11 heures du soir, la nuit est calme. Un incendie, à Vert-la-Gravelle probablement, jette ses tristes et sinistres lueurs.

Dimanche 6. — Le jour vient. Le calme se prolonge. Nous croyons tout danger écarté : aussi nous redescendons au village vers 6 heures, pleins de confiance. En attendant le café, nous gravissons l'éminence située à l'ouest de l'école pour jeter un coup d'œil sur la plaine. Pas de soldats, aucun bruit. Tout à coup des balles sifflent à nos oreilles et nous regagnons en hâte la maison en faisant signe à d'autres

habitants qui s'apprêtaient à nous rejoindre de faire
demi-tour. A 8 heures, le canon se met à tonner
tout près de Congy et Courjoennet. La véritable
bataille s'engage ici. Nous emportons précipitam-
ment quelques objets et nous retournons aux grottes.
Notre groupe de la veille est très réduit ; beaucoup
ont préféré chercher un refuge dans leurs caves. La
canonnade devient de plus en plus intense ; l'incendie
s'allume à Courjeonnet, au Petit-Oyes, etc., et dure
jusque dans la nuit.

Lundi 7. — Les Allemands tirent par-dessus nos
têtes. Comme les Français ne répondent pas, nous
descendons aux provisions. Les Allemands ont
visité la mairie : ils ont lacéré le drapeau des sapeurs-
pompiers, arraché l'écharpe tricolore du buste de
la République, ployé les sabres, cassé les fusils de
chasse, éparpillé les capsules de carabine ; d'autres
sont venus demander un petit verre, sans rien tou-
cher, et échanger du pain. J'emporte vin et provisions dans un panier. Des soldats, avec une
brouette, chargent à la boulangerie d'à côté ; en face
ils boivent à la cuisine et me laissent passer avec
ma charge. Nous retournons auprès des femmes. Les
obus passent avec un bruit de sirène tournoyante ;
trois Allemands viennent s'installer pour tirer sur
les marches de notre grotte. Après avoir inspecté les
environs, ils partent. Je leur ai demandé : « Est-ce
que vous allez tirer ? Faut-il rentrer à l'intérieur ? »
Ils ne m'ont pas répondu. Un avion français survole
dans la journée et vient reconnaître l'emplacement
des batteries allemandes. M. Leblanc retourne au
village chercher des provisions en compagnie de
M. Hiernand, charron, et Jaergé, de Fromentières,

venus nous rejoindre le matin ; il revient seul et retourne encore, à 6 heures du soir, chercher du pain, une bonbonne de 7 litres de vin, des cornichons en bocal, des pommes de terre, du chocolat, une lampe à alcool, des œufs, etc. Je suis de garde auprès des femmes et des enfants. Le soir, je puis me promener dehors et je remarque de petits globes lumineux, des signes certainement, de couleur rose. au-dessus de l'emplacement de l'artillerie. Le temps est beau, un peu froid dans la nuit ; les incendies continuent à Oyes, Reuves, etc., à Villevenard même. La canonnade tonne une partie de la nuit.

Mardi 8 septembre. — Canonnade intense. Le marais n'est qu'un brouillard de fumée ; les obus pleuvent sur Oyes, Reuves, Mondement. Les Allemands descendent, espacés, les pentes des vignes, en tirailleurs, à 200 mètres de nous. Le 75, à différentes reprises, riposte : il balaie notre colline, les pentes des vignes, les Usages, Voizy et l'autre versant de la côte de Saint-Prix, au-dessus des vignes d'Oyes. Derrière les maisons du village, les hommes d'infanterie fourmillent : on les voit s'avancer vers le marais par le ruisseau le Bonon. Des pièces viennent s'installer contre les enclos et les jardins. Le village est bombardé par les Français ; un nouvel incendie s'allume à la maison Thibault (Narcisse). L'artillerie ennemie est aussi exposée à notre feu ; les flocons blancs sont reconnaissables : ce sont nos obus. A midi, je regarde du couloir : un officier allemand, jeune, parlant un excellent français, sans aucun accent, m'apostrophe : « Qu'est-ce que vous faites ici ? — Notre devoir, nous nous mettons à l'abri du bombardement avec des femmes malades t des enfants. — Pourquoi regardez-vous toujours comme cela? On vous voit à chaque instant de là-bas? (Il signale les derrières du village). — Nous regardons si la bataille s'éloigne. — Qu'est-ce que c'est que cela? (Il désigne notre refuge). — Ce sont des grottes préhistoriques (il n'a pas l'air de trop comprendre).—Combien y en a-t-il?—Quatre.—Les gens de par ici bavardent beaucoup trop, j'ai la mission de fouiller. Tout le monde dehors! — Vous pouvez fouiller, vous ne trouverez rien. » Une femme est malade : il lui dit de ne pas se déranger. Les soldats alors, après un « heraus » guttural de l'un d'eux, qui me fait au contraire des autres l'effet d'une brute, nous font rentrer (les deux civils) en avant, fouillent tous les recoins, délient les gerbes d'avoine qui nous servent de couche; l'officier décroche la bêche du sac d'un homme et cherche à creuser, scrute les parois, la voûte, tout en demandant en quoi c'est fait. Le linge, les ustensiles, ne sont pas touchés, M. Leblanc seul est palpé. A un certain moment un soldat trouve ma grosse jumelle dans la paille et la tend à l'officier. M. Leblanc dit : « M. Roland, c'est votre jumelle. — Oui, c'est ma jumelle. » L'instant est assez critique pour nous. L'officier l'examine et nous la rend. Nous respirons. Les femmes et les enfants peuvent rentrer. Nous, les hommes, devons marcher en avant et pénétrer les premiers dans les autres grottes. Arrivés à la deuxième, sur l'invitation d'entrer, je réponds que ma corpulence ne me le permet pas, l'ouverture étant trop étroite : l'officier se contente alors d'examiner et de scruter le fond en y jetant des allumettes-tisons. Peu après nous sommes groupés dehors au milieu de la plaine; les Français de là-bas nous ont aperçus probablement, car un obus arrive dans notre direction et éclate. Les Allemands, avec un parfait ensemble, comme à la manœuvre, font un saut penché, plutôt une conversion. L'officier, plus crâne, n'a fait qu'un léger mouvement et nous dit, car nous étions restés sur place : « Il ne faut pas avoir peur. Ce n'est rien, cela ». Je réponds : « Je n'ai pas peur. » Les deux autres grottes sont également examinées avec soin : deux médailles bronze et vermeil (récompense agricole), perdues le samedi et m'appartenant, sont retrouvées dans la paille. L'officier lit : *Agriculture.* « C'est à vous ? » et il me les rend. Je suis resté dehors sur les marches pendant la dernière perquisition. Un jeune soldat, vingt ans à peine, debout [sur la voûte de la grotte] et nous dominant, campé d'un air suffisant, les pouces passés dans son ceinturon, regarde, satisfait, d'un air de dire : « Pauvres Français ! » Un de ses camarades, plus âgé, se tient près de moi ; il peut avoir trente-cinq ans ; sa physionomie est grave, presque timide ; il tire sa montre à boîtier de corne qui marque *midi cinq* ; il veut m'expliquer : « Midi ici — Paris là », et son doigt indique la petite aiguille à 1 heure. Je lui réponds oui. Il paraît rassuré. Dans son imagination, il se figure que Paris se trouve à 5 kilomètres derrière les Marais et que les Français défendent les approches de la capitale.

La perquisition est terminée. Je demande à l'officier si nous devons rester ou redescendre au village. Il me répond : « Vous pouvez rester ici, vous êtes peut-être plus en sûreté qu'au village, on ne sait pas ce qui peut arriver. — [En ce cas] auriez-vous un médecin pour notre femme malade ? — Je ne sais si celui du régiment est au village. Si je le trouve, je

vous l'enverrai. » — Nous n'avons rien vu. Je lui
dis encore : « Voilà des chevaux tués dans la plaine,
près des maisons, ils sentent mauvais : c'est capable
d'amener des épidémies. » Il me répond : « Qu'est-ce
que vous voulez ? Partout où nous passons, c'est la
même chose. C'est triste, la guerre, surtout celle-ci,
qui n'était pas nécessaire. On pouvait parfaitement
s'en passer. — Oui, quel désastre pour l'agriculture,
l'industrie, le commerce et la civilisation ! Est-ce
que vous touchez aux civils, au linge, aux meubles ? —
Non. — J'ai une collection à la mairie et j'aurais une
grande peine si elle était brisée. Je suis l'instituteur
du village. — Depuis combien de temps êtes-vous
ici ? — Dix-sept ans » — J'ajoute : « Vous parlez
très bien le français. Vous êtes donc venu à l'école
en France ? » Un « non » sec est la réponse et,
sur ce, les voilà défilés vers le village en s'égail-
lant.

J'ai oublié de lui demander un sauf-conduit pour
aller chercher du pain. Vers le soir, M. Leblanc
veut redescendre aux provisions en profitant de la
nuit et passant par les jardins. Nous nous y oppo-
sons et nous avons bien fait, car il se serait embar-
rassé dans leurs fils téléphoniques posés à terre en
travers des chemins et reliant les batteries placées
derrière les maisons et le pré Canat au poste d'observateur de Chenaille. Une des femmes, Mme Barnier
(Anatole), souffre beaucoup d'un mal blanc au doigt
qui lui est poussé subitement. Je lui ai conseillé de
le mettre dans un œuf frais. La douleur s'est apaisée
petit à petit et, le lendemain, elle ne souffrait pas.
Nous avons fait un repas avec des pommes de terre
frites et des œufs pour les femmes, mais le lard
manque ; la lampe s'éteint, faute de combustible, et

nous mangeons avec les mains les pommes de terre
à moitié crues.

Mercredi 9 septembre. — La bataille fait toujours
rage. Les incendies continuent de s'allumer, nous
n'avons toujours pas de pain ; les enfants sucent
un reste de chocolat ; les grandes personnes se
restaurent avec un verre de vin qui creuse plutôt
l'estomac. La situation intéressante de M^mᵉ Landréa
devient de plus en plus inquiétante : elle souffre
beaucoup. Comment va-t-on faire ? Un événement
semblable ne doit pas se passer en présence de
fillettes. Les rafales de 75 arrivent toujours. Je
décide d'évacuer la grotte avec une femme,
M^mᵉ Barnier, et tous les enfants. Par une pluie d'obus
qui arrose la colline de Chenaille en passant par-
dessus nos têtes, nous gagnons au plus tôt la
2ᵉ grotte près du chemin. Le combat devient de
plus en plus violent ; les éclatements d'obus se
rapprochent. Dans l'après-midi nous croyons notre
dernière heure venue : les schrapnells tombent vio-
lemment sur la toiture des grottes. Les enfants
pleurent, tassés contre les parois. De 10 heures du
matin à la nuit, que nous attendons impatiemment,
nous sommes sans nouvelles de nos voisins. Dans
l'après-midi, pendant un moment d'accalmie, nous
ouvrons la porte et sortons dans le couloir : un
Allemand assez âgé, fusil à la main, tirant fortement la jambe, passe en courant dans la direction
du village et du marais. Il dit d'un air très doux
en passant : « Bonjour madame ! » Nous n'osons
sortir pour jouir du spectacle. La nuit, si impatiemment attendue, arrive ; le canon français tonne
toujours ; les obus balaient les pentes ; la lune ne

se lève que plus tard et l'obscurité est grande. Je
me décide à mettre le nez dehors et à aller, sous
une pluie fine, chercher des radis dans le champ
de betteraves voisin en bordure du chemin. Je sais
que je puis en faire provision. Je me traîne, en
pantoufles, dans la terre devenue grasse et collante ;
je veille et je guette ; l'ennemi passe à 50 mètres
de là sur la route de Congy. Je perçois nettement
les voix et les commandements, et je crains que
d'autres n'arrivent par mon chemin de traverse. Je
ne suis qu'à moitié rassuré ; j'appréhende de tomber
dans une vedette. Je tâte les feuilles pour éviter
de me tromper et de me charger de betteraves. Je
n'ai pas de couteau et ce n'est pas sans efforts
réitérés que je parviens à déraciner deux radis
noirs et un navet. A ce moment une auto, munie
de deux puissants réflecteurs, remonte à toute
allure la route vers Congy : pour ne pas être
aperçu je me couche à plat ventre. Ce doit être le
commencement de la débâcle et la fuite des grands
chefs. Je retourne vivement à la grotte. Je jette un
radis pour distribuer aux enfants et je cours en
porter un aux autres restés là-bas. Je n'entends
rien et je me demande s'ils ont été moins heureux
que nous. Un obus aurait-il fait des ravages ? J'appelle bien bas : la porte s'ouvre. Je constate que
tout va bien ; l'état de notre malade n'a pas empiré
et nous pouvons tous nous réunir à nouveau.
Chacun calme sa faim avec une rondelle de radis
qui nous pique la langue. M. Leblanc boit le
vinaigre d'un bocal à cornichons. Dehors une longue
suite de chariots descend au pas vers le village
chercher très probablement les blessés. Ils revien-
dront tout à l'heure et toujours sans courir. D'autres

troupes passent. Vont-elles ou reviennent-elles ? On ne sait. Des bâtiments du château de Mondement flambent ; une maison brûle dans la direction de Broussy ; des lueurs d'incendie partout, à Villevenard, Oyes, Reuves, etc. (maisons brûlées Ernest Vallat et Paul Gagneux, grange Oudiné, route de Reuves, et maison Thibault, Narcisse). Le canon français lance encore quelques obus à intervalles plus espacés, puis tout retombe dans le silence de la nuit.

Il était temps : nous sommes énervés, légèrement déprimés et nous disons : « Qu'ils passent ou qu'ils reculent, mais que cette situation cesse ! » (L'état-major allemand occupait la maison Brochot.)

Jeudi 10 septembre. — Le lendemain, à 5 h. 30, au jour, toujours le même silence. Nous nous hasardons à mettre le nez dehors et, n'apercevant rien de suspect, nous nous disposons à regagner le village, car nous avons l'intuition que le grand drame est joué. A ce moment, le jeune vacher de notre voisin arrive nous apporter du pain. Plus d'Allemands à l'horizon. Nous cheminons en file indienne : chacun porte une partie du matériel amené. Quel soupir de soulagement s'échappe de nos poitrines ! Je ferme la marche et, au tournant de la rue du Grand-Puits, je croise une douzaine d'Allemands qui remontent en silence vers Congy. Celui qui semble être le chef du détachement se distingue des robustes et blonds Teutons ; sa barbe noire, son physique maigrelet forment contraste. Il porte un tambour sur le dos et un brassard de la Croix-Rouge sur la manche. Il me demande en bon français où se trouve le 164e régiment. Je réponds : « Il était au village. — Tout le régiment n'y était pas. » Où le régiment était-il? Je ne sais pas et je m'empresse de continuer mon chemin et de lui brûler la politesse. Il n'a pas l'air très rassuré et je ne tiens nullement à lui servir de guide. Nous rentrons à la maison : quel désastre !

Les vitres brisées par les schrapnells, les fusils de chasse déposés à la mairie brisés dans la cour, le drapeau des sapeurs-pompiers et l'écharpe tricolore du buste de la République lacérés, les vieux sabres de sapeurs-pompiers pliés, le tronc de la caisse des écoles forcé et volé, les plus belles pièces de ma collection emportées : bracelets argent, bagues or, bronze, cuivre, monnaies et médailles anciennes et modernes (30 romaines, Romulus-Remus, Cérès-Augusta, les enfants à la Louve, Louis le Débonnaire, Bonaparte aux Pyramides, Croix de soldat pontifical en argent, Croix de la Légion d'honneur de 1830, palmes académiques, croix du mérite agricole, médailles argent, vermeil et bronze de l'enseignement, pièces de 5 francs rares, etc). Tout est retourné de la cave au grenier. Le vin bouché, la limonade, l'eau de Vichy n'existent plus. Nous marchons sur des piles de vaisselle cassée et sur les restes de leurs orgies. Montres, bracelets et une foule d'autres objets manquent à l'appel. Un tiroir secret du bureau de salon forcé et brûlé. Les chemises sont enlevées avec beaucoup d'autre linge, dans les armoires bouleversées. Le violon, le phonographe, l'appareil à projections ont été forcés, une tirelire d'enfant éventrée et vidée. Aucun coin n'a échappé aux investigations cupides des barbares qui convoitaient l'or, l'argent, les objets de valeur et bibelots.

Près des bâtiments [scolaires], Gagneux (Adolphe)
nous raconte avoir eu à subir les outrages et les
coups de manche de lance dâns les reins de cavaliers, parce qu'un homme tué était tombé en face la
fenêtre de l'évier [d'où soupçon], puis parce qu'il
ne l'avait pas enterré, suivant les recommandations
malgré et sous le bombardement. Les camarades
du défunt lui avaient enlevé sa médaille d'identité
et donné au cultivateur un écrit au crayon sur
papier d'emballage relatant l'état-civil du dit. Nous
creusons une fosse commune sur le sommet du
lieu dit la Croix du Cour. Les plaques d'identité.
les livrets, sont recueillis et déposés à la mairie.
Je reviens, demandé à la mairie par un officier
[français]. Un soldat allemand, callot sur la tête,
manteau sur le bras, sans armes, vient à ma
rencontre dans le chemin de traverse, amené par
M. Léon Langlois. Il m'aborde et me demande en
bon français d'accent lorrain de le conduire à un
commandant. Il s'est caché dans la cave du curé
de Saint-Gond et il vient se rendre. Il en a assez de
combattre les siens, dont beaucoup habitent les
environs de Nancy. Son village, dont je n'ai pas
retenu le nom, est à 7 kilomètres de la frontière en
Lorraine allemände. Il a profité de la retraite de
on régiment. C'est la première fois qu'il combat
en 1re ligne : auparavant il était ordonnance ; mais,
à Vervins, son officier a été tué. Il a reçu dans les
Marais une balle au doigt majeur de la main droite
deux jours auparavant et il a besoin d'être pansé.
Nous arrivons tout en causant au pré Canat et
nous rencontrons un commandant du génie qui, à
cheval, inspecte la plaine : deux autres officiers se
tiennent à ses côtés. Le prisonnier parle avec lui

et répond aux questions qui lui sont posées. Les larmes montent aux yeux du Lorrain et il se sent rassuré, lorsque le commandant lui dit : « Ne crains rien, mon ami, on ne te fera pas de mal, on va soigner ta blessure et on te mettra un brassard de la Croix-Rouge. » Je continue mon chemin vers la maison : l'officier qui me demandait est parti. Nous transportons des obus de 105 et des gargousses abandonnées dans le pré Canat vers un champ au-dessus de la maison d'école. Des habitants creusent une large et profonde tranchée pour mettre les bestiaux tués : 17 vaches et chevaux, dont 8 d'un obus dans l'écurie de la ferme Canat. D'autres vont les enfouir dans le marais. Sur les entrefaites j'apprends qu'un Allemand et un civil âgé sans papiers ont été trouvés tués côte à côte entre Villevenard et Courjeonnet (lieu dit Entre-les-deux-Chemins) et déposés dans la fosse commune de Cour ; un autre est inhumé sur le Moulin ; quatre sur les Gravelottes.

Le haut du village n'a pas souffert des obus depuis la Poste jusque chez Brochot. Par contre, le quartier Achille Guenon, Achille Chéré, Léon Langlois ont beaucoup souffert : bâtiments criblés d'obus, toitures crevées, pans de murs abattus. Les maisons de Thibaut (Narcisse), Vallat (Ernest), Gagneux (Paul) et la grange Oudiné sont en cendres ; les pressoirs Achille Guénon et Sommesous fortement endommagés ; la boutique Thibault Martial et petite maison veuve Oudin, face au midi, éventrées.

Chez Cré (Marie), 67 vitres brisées. A l'église, les vitraux descendus, le plancher du clocher cassé. Chez Léon Langlois, Maurice Jacquesson, écurie

Narcisse, des obus dans l'intérieur, brisant le mobilier. Le portail de Gaston Renard démoli. Un obus à la mélinite, près du soupirail de la cave Dennevert, où se trouvaient des émigrés qui l'ont échappé belle. Un obus dans la maison Canat, au-dessus de la cuisine, n'a pas traversé le plancher heureusement. La maison du garde-champêtre Mittelette est aussi en piteux état. Le génie, pressé, nous abandonne, sans les faire éclater, les obus non tirés et nous recommande de les enterrer. L'après-midi nous allons avec le maire et le facteur faire une tournée dans le bois des Usages à la recherche des morts ou des blessés. Un réserviste allemand a été enterré par ses camarades dans une tranchée d'artillerie sur les pâtis. Une croix de bois fruste et deux branches de chêne croisées en palme indiquent la tombe.

Nous apprenons que M. Diard (Adrien), de la ferme de Thoury, a été assez malmené. Sur son refus de boire un litre d'eau de Javel et pour avoir soufflé une chandelle, il a été enfermé dix-sept heures dans une cave. Ensuite, muni d'un sauf-conduit pour se diriger vers Congy, il est tombé dans des artilleurs allemands qui l'ont retenu prisonnier ; sur sa demande un officier lui a donné à manger. Il a pu profiter d'un moment de panique pour s'esquiver dans les bois et se réfugier à Baye. Aimée Guénon, réfugiée dans la cave de son père, au hameau de Voisy, y a donné le jour à un garçon au moment du plus furieux bombardement. Ladauge (Maurice), fermier à Le Vieil-Andecy, menacé par les Allemands, a dû se réfugier dans les bois qui avoisinent sa ferme.

Vendredi 11 septembre. — Nous allons enterrer six soldats ennemis dans les tranchées au-dessus et à l'ouest de Voizy. Là, les 75 ont dû pleuvoir. Tous les cinq mètres, en moyenne, nous rencontrons des trous d'obus. Un Allemand assez âgé, déjà chauve, est démoli-en deux dans son abri. Deux autres faisaient le café dans la cavité d'une ancienne carrière où ils pouvaient se croire en sûreté, lorsque la mort est venue les surprendre. Dès midi, j'accompagne le voisin Renard (Bénoni) à Reuves pour donner la provende au bétail abandonné de son fils. Le facteur vient avec nous. Tout le long du ruisseau le Bonon, qui côtoie la route, les Allemands ont laissé la trace de leur passage, dans le lit à sec, en deux files indiennes. Toujours là, comme ailleurs, des bouteilles et des boîtes de conserves vides. Les meubles de la maison isolée dite la Lune ont été jetés à l'eau pour servir de passerelle sur le Petit-Morin. Le pont avait été barricadé avec du grillage et une chaîne métallique à faucarder. Sur la route de Reuves, quantité de tranchées et de trous d'obus. A l'entrée du village, vestiges d'une barricade faite de troncs d'arbres et de pierres sèches. Jusqu'à la rue de l'école, les maisons sont complètement bombardées et en majeure partie incendiées ; le clocher est à jour, la toiture sud-ouest enlevée. Un lustre et la cloche se maintiennent debout comme par miracle. La couverture de la mairie est fortement endommagée. Un tirailleur s'est fait calciner le long du mur Mançuy, dont les bâtiments sont brûlés : les cartouchières et la chéchia sont là encore. A l'extrémité sud du village, les quartiers de viande abandonnés répandent une puanteur insupportable et il en sera ainsi tout le long de la route de Reuves à Oyes. Les objets les plus hétéroclites gisent abandonnés dans les fossés.

Nous arrivons à Oyes. Là, dans un pré, des tranchées allemandes larges et profondes et, auprès, des caissons d'artillerie remplis de munitions. L'un d'eux a sauté et provoqué la panique : 8 chevaux sont étendus avec des hommes et des équipements. Dans le village, partout, des maisons incendiées, des murs éventrés, la mairie criblée par les schrapnells et dix-sept obus, un cheval ennemi tout sellé étendu devant la grille aux barreaux tordus. Nous entendons des clameurs ou plutôt des hurlements de « A boire ! » qui proviennent d'un pâté de bâtiments côté sud-ouest. Personne dans le village. Nous continuons notre chemin et nous finissons par rencontrer M. Royer et sa fille qui rentrent de Sézanne où ils étaient évacués. Chez eux, comme ailleurs du reste, tout est au pillage : trois Allemands sont étendus morts sur de la literie dans la cave. Sur notre demande, la demoiselle nous donne deux bouteilles d'eau et un verre, car notre intention est d'aller porter à boire aux blessés, fussent-ils des ennemis. Ce sont des hommes après tout...

Nous poursuivons notre route. Près du pont, des soldats français sont tombés, l'un dans le caniveau, près d'une genisse éventrée, trois autres zouaves près de la mare à gauche. Le quartier de maison avoisinant est consumé. Dans la ruelle de l'église un lieutenant allemand, abattu avec son cheval, gisent tous deux le long d'un mur. Des blessés (60, paraît-il) sont dans l'église ; nous laissons aux médecins le soin d'aller les panser et nous rebroussons chemin après avoir à nouveau aperçu des cadavres ennemis dans les cours et le cimetière.

Nous revenons par Saint-Gond : trois Allemands sont tombés près de la haie, au pied des noyers, en face la maison Gobin. Près du calvaire, un caisson est abandonné. En face de l'ancien monastère. deux autres caissons, la roue de l'un emmanchée dans la pile du pont, ont été également dételés par l'ennemi qui fuit en toute hâte : les reliefs d'un repas, une boîte de conserves de tomates ouverte et non entamée, des assiettes en fer battu, des fourches, etc., posées sur le derrière de la voiture, témoignent d'un départ précipité. Un soldat adossé à un noyer, glace d'une main, mouchoir de l'autre, a été tué au moment où il procédait à un brin de toilette. Nous passons devant les bâtiments de l'ancienne abbaye de Saint-Gond bombardée et à moitié incendiée.

Samedi 12 septembre. — Nous faisons une excursion vers le nord-est du territoire. Nous rencontrons beaucoup de tranchées à partir des lieux dits Tout-y-Brûle, les Clos-Prieurs. Les Allemands les ont consolidées avec des betteraves arrachées dans le voisinage. Des papiers, des cartes postales gisent partout, çà et là éparpillées.

Dimanche 13 septembre. — Nous visitons le derrière de la colline de Chenailles, le long du ruisseau le Bonon : c'est là que se trouvaient abritées, cachées, des masses d'infanterie de réserve, soutenues par les pièces de 110 et de 150.

ÉPILOGUE

OU LE MARÉCHAL FOCH ÉVOQUE
SES SOUVENIRS
DE LA PREMIÈRE MARNE

Morlaix, 6 septembre 1920.

Tréfeunteuniou[1], la demeure d'été du maréchal Foch, au bout de sa seigneuriale avenue de tilleuls, s'estompe dans la brume. Il pleut, et les premières rouilles de l'automne, si précoce cette année, ont commencé de tacher les feuilles. Le maréchal, qui s'apprête à rejoindre M. Millerand à Paris pour l'accompagner dans son pèlerinage aux champs sacrés de la Marne, veut bien interrompre ses préparatifs de départ et me recevoir dans son cabinet de travail.

— Asseyez-vous, me dit de sa voix brève le grand soldat, et, si vous avez apporté votre pipe, sortez-la. Elle tiendra compagnie à la mienne... Et, maintenant, cher monsieur, que voulez-vous savoir de moi?

On ne biaise pas avec des hommes comme le

1. Ou Traofeunteuniou (*le Val des Fontaines*). Sur cette résidence de Foch, voir notre livre : *Les trois Maréchaux* (Bloud, édit.).

maréchal et je lui dévoile tout à trac l'ambitieux objet de ma visite, qui est de l'entendre évoquer pour mes lecteurs quelques-uns de ses souvenirs personnels sur la première Marne.

* *

— La première Marne ! me répond le maréchal en poussant vers le plafond une bouffée de sa petite pipe de bruyère au tuyau recourbé. Mais que vous en dirai-je qui n'ait déjà été dit ? Les chefs allemands, Bülow, Kluck, Hausen, contestent notre victoire, paraît-il, et, vaincus en général, ils veulent avoir été vainqueurs chacun en particulier. C'est assez drôle. Pour moi, la défaite allemande à la Marne, c'est l'histoire d'une musique désaccordée... Jusqu'au 5 septembre, accord parfait — ou presque parfait. A partir du 5, plongeon du chef d'orchestre : le Grand Quartier Général allemand pique une tête dans la trappe et laisse les exécutants se débrouiller tout seuls. Si encore ils s'entendaient ! Mais chacun joue sa partie sans se soucier du voisin, et le résultat de cette cacophonie, c'est le fiasco militaire que vous savez.

— En d'autres termes, monsieur le maréchal, c'est l'Etat-Major allemand que vous rendez surtout responsable de la défaite allemande ?

— Assurément et la responsabilité personnelle de ses généraux ne vient qu'après. Les Allemands sont partis avec un plan tout fait, un plan rigide, un de ces plans comme il n'en éclôt que dans les cervelles d'outre-Rhin et qui ne tiennent aucun compte de l'imprévu, lequel est bien souvent, d'ailleurs, l'imprévisible. L'ordre, après Charleroi,

est de pousser les armées françaises l'épée dans les
reins et, pour Kluck particulièrement, de déborder
et d'enrouler à marches forcées la gauche ennemie.
Et Kluck va de l'avant. Il fonce devant lui comme
un buffle. Quand on étudiera plus tard ces marches
de Kluck, on sera stupéfait. Positivement, elles sont
extraordinaires. Toujours obsédé par son idée d'enveloppement de la gauche française, il glisse devant
Paris, sans se méfier de Galliéni ; il continue dans
le Sud à toute vitesse...

— Il y était attiré peut-être par le trou que le
repli, trop précipité, de l'armée anglaise avait
ouvert entre elle et l'armée Franchet d'Esperey ?

— Oui, on l'a dit. Mais moi, je n'en suis pas bien
sûr. A la guerre on ne voit pas si loin, allez ! On ne
fait pas tant de combinaisons : c'est beaucoup plus
simple, c'est le fameux « plan incliné » de Joseph
de Maistre, sur lequel on roule, on roule... jusqu'à
la victoire finale... ou à la culbute. En l'espèce,
dans des manœuvres d'une aussi grande envergure
et conduites à cette allure vertigineuse, il est impossible qu'il ne résulte pas un certain décousu dans
les mouvements. Ça s'est produit, surtout vers la
fin, dans la manœuvre allemande en direction de
Paris, puis de la Marne. Mais, dans la tête des
grands stratèges de Berlin, il était entendu que tout
devait se dérouler comme sur le papier, sans ani-
croche, sans à-coup. Et voilà qu'au plus beau de la
manœuvre Kluck est mordu au flanc par Galliéni.
Le décousu s'accuse. Il n'y avait qu'un moyen de
s'en tirer pour le G. Q. G. allemand ; c'était de
serrer la trame, de reprendre en main ces armées
déjà flottantes, qui ne tenaient plus les unes aux
autres que par des fils si légers... Et que fait le G.

Q. G. allemand ? Le G. Q. G. allemand, qui est à
Luxembourg et encore seulement depuis le 30 août,
ne fait rien, ne dit rien. A Luxembourg ! Voyez-vous
le G. Q. G. de Joffre installé à Lyon ou à Marseille ?

— En effet.

— Et puis voilà qu'en même temps que Galliéni
tombe sur Kluck, toutes les autres armées françaises
se redressent et se mettent à cogner à tour de bras
sur Bülow, Hausen, Wurtemberg, le kronprinz. Ah !
cette fois ce n'est plus du décousu, c'est le désarroi
complet. L'un tire à hue, l'autre à dia. Moltke est
impuissant à ressaisir les rênes qui lui ont échappé.
Il semble ignorer tout de la bataille, et l'aveugle-
ment d'en haut descend sur le commandement
subalterne et, de celui-ci, sur les troupes. Beaux
fruits de l'orgueil allemand, de sa confiance imper-
turbable dans les plans « rigides » dont la première et si rude expérience de la Marne, dont l'Yser
et Verdun même ne le guériront pas. « Chassez le
naturel, il revient au galop », comme dit le fabuliste.
A preuve l'anecdote que voici et que je tiens du
bourgmestre de Spa, M. de Kroweck, qui, pendant
toute la guerre, demeura dans sa charge et me paraît
donc un témoin de tout repos. Le 8 juillet 1918, à la
veille de la suprême offensive boche, grand brou-
haha dans toute la ville, où le kaiser, comme vous
savez, avait son Quartier Général. On bâfre, on
trinque, on hurle, c'est la gogaille classique qui
précède là-bas tous les grands coups. Et celui-ci
doit être de taille, car on déménage déjà les échelons et jusqu'aux guérites des factionnaires devant
la villa du kaiser. Le bougmestre, inquiet, s'informe
discrètement. « On part pour Versailles ! » lui
répondent les factionnaires. Tout simplement... Je

ne sais pas si les guérites rappliquèrent. Ce qu'il y
a de sûr, c'est que le 20 ou le 22 — je n'ai plus la
date bien présente à l'esprit — le bourgmestre voyait
revenir à Spa le kaiser et sa suite, l'oreille basse.
Il n'était plus question du voyage à Versailles :
Gouraud et Mangin, sur lesquels on ne comptait pas,
y avaient coupé court.

Le maréchal s'arrête pour débourrer sa pipe et
je dépose la mienne par déférence.

— Revenons à la première Marne, continue mon
illustre interlocuteur. Oui, nous avons passé là de
rudes, mais aussi que de belles heures ! Je me rappelle surtout ce soir du 9, où la 42ᵉ division, que je
voulais lancer dans le flanc de Hausen, se faisait
tant attendre. Grossetti arrive enfin, un peu tard.
Oh ! ce n'était pas de sa faute : on ne « décolle » pas
toujours comme on veut ! Il est 5 h. 30 du soir.
J'ai donné l'ordre de reprendre l'offensive sur toute
la ligne, mais on est si las ! Grossetti lui-même, la
bravoure faite homme, n'ose pas trop s'aventurer
en pays inconnu et s'arrête pour reprendre l'attaque
au matin. Et, brusquement, vers minuit, un coup
de téléphone : « Nous sommes dans la gare de Fère-
Champenoise. » Je sursaute. « Qui, nous ? — Le
colonel Simon, de la division Moussy. » Et Moussy
lui-même qui n'en savait rien, ni Dubois ! Ce sont
les surprises de la guerre. Je réponds : « A la bonne
heure ! Bravo ! Bourrez ! Bourrez ! » Et en même
temps je crie à toutes mes divisions : « Grand branle-
bas ! En avant, Grossetti ! En avant, Humbert ! En
avant, Battesti ! En avant, Lefèvre ! Vous n'en pou-

vez plus, Radiguet? Ça m'est égal : à 5 h. 30, tous vos éléments en action, allez ! Je ne veux rien savoir... » Parbleu, chacun avait de bonnes raisons pour se défiler. J'étais sourd à tout, parce qu'on se fiche de tout, qu'on doit se ficher de tout, dans ces moments-là... J'arrive moi-même à Fère-Champenoise vers midi. Je n'ai jamais vu spectacle pareil. Littéralement, on ne pouvait avancer ni en auto, ni à cheval, ni à pied, tellement les rues étaient hérissées de tessons de bouteille. Ah ! ils en avaient fait une noce, la veille, messieurs les Boches, une telle noce que des centaines d'entre eux cuvaient encore leur vin dans les caves. J'en ai vu sur les toits qui couraient comme des lapins de gouttière et qu'on tirait à la volée. Et je vois aussi le général Dubois, le commandant de mon 9° corps, dont un des éléments venait de réussir le joli coup de surprise sur Fère, s'en venant à ma rencontre, son orteil endommagé sortant de la botte droite. Il était avec son chef d'état-major Nourrisson. « Eh bien, vous voyez, Dubois, Nourrisson, ça ne va pas trop mal ! Allons, à l'ouvrage ! Il y a encore à faire. » Je voulais pousser tout de suite sur Morains, mais le colonel Coffec s'interposa : « Vous n'y pensez pas, mon général. La route est prise d'enfilade derrière la crête par l'artillerie boche. C'est à peine si l'on est en sûreté dans la gare. — Va donc pour la gare ! » Le toit flambait au-dessus de nous pendant que nous piochions nos cartes. Des poutres craquaient. On n'y faisait pas attention... Les troupes, c'est comme des vibrions : ça ne demande qu'à valser, mais il faut leur donner le mouvement, l'impulsion, régler la danse. Gros travail. Je n'en pouvais plus à la fin de la journée. J'ai dormi, cette nuit-là, d'un sommeil de plomb. Et pourtant c'était à la mairie de Fère, pleine d'allées, de venues, au milieu d'un bruit infernal, sur un vieux matelas qu'on avait étendu pour Weygand et pour moi dans une pièce sonore comme une cloche. A minuit, on me réveille pour m'annoncer que le G. Q. G. venait de me faire grand-officier de la Légion d'honneur. « Bien ! Bien ! » dis-je. Et je repique du nez sur ma paillasse. Une demi-heure après, nouveau réveil en fanfare : « Mon général, le Grand Quartier vous envoie des cigares et des couvertures. » Ça, par exemple, ça valait mieux qu'un grognement. On grelottait par ces nuits de septembre et, depuis huit jours, nous n'avions pas « touché » une miette de tabac !...

* *

Ce disant, le maréchal, avant de bourrer une nouvelle pipe, me tend sa blague, — « du caporal tout ce qu'il y a de plus ordinaire », me prévient-il, mais que, fervent de la pipe comme lui, j'ai le mauvais goût aussi, comme lui, de préférer à tous les tabacs prétendument supérieurs. Quelques bouffées jumelles vers le plafond, pour évoquer ces cruelles minutes où, contre le cafard et les obus boches, on n'avait même pas la ressource d'une simple cigarette, et le monologue du grand soldat reprend :

— J'ai eu de bons aides, des lieutenants d'une ardeur et d'une intelligence admirables dans ces journées de la première Marne, mais j'en ai eu aussi que, volontiers, j'enverrais encore à tous les diables. Passons ! Il ne faut pas assombrir par des récriminations personnelles, si légitimes soient-elles, des commémorations comme celle que nous allons célé-

Ch. Le Goffic.   9

brer. Malgré les erreurs des uns, les défaillances des autres, on a été vainqueur sur toute la ligne. Et c'est l'essentiel, n'est-ce pas ? Ah ! elle n'était pas désaccordée chez nous, la musique ! Joffre tenait solidement son bâton de chef d'orchestre et on y allait tous, à son commandement, du même rythme, du même cœur. Les Boches ont beau ergoter, chicaner notre victoire, traiter de légendes des faits à la vérité quelquefois grossis ou défigurés par l'imagination populaire...

— Comme l'enlisement de la Garde aux Marais de Saint-Gond, par exemple, monsieur le maréchal ?

— Précisément. On a dit que cette histoire de l'enlisement de la Garde à Saint-Gond, c'était, à cent ans de distance, l'histoire des marais d'Austerlitz, sur la glace desquels l'artillerie de Napoléon avait démoli et noyé, au rapport des témoins et de tous les historiens subséquents, je ne sais combien de milliers de Russes, et il n'y avait qu'un malheur à l'histoire, c'est que les étangs n'étaient pas gelés. Cependant, je vais vous étonner : la légende de l'enlisement de la Garde à Saint-Gond n'est pas tout à fait une légende. La Garde prussienne, le 6, avait traversé les Marais et s'était emparée de Bannes, qui est à l'une de leurs extrémités. Mais, quand elle en voulut déboucher et pousser sur Fère, elle fut prise par l'artillerie du colonel Besse dans une telle trombe de feu qu'il y avait de quoi dégoûter à tout jamais les survivants, s'il en restait, de l'envie de recommencer. Eh bien ! ils recommencèrent... Oh ! cette armée allemande de 1914, il n'y a pas à dire, c'était un outil magnifique. Jamais l'Allemagne n'a retrouvé par la suite d'armée de cette trempe. Quatre fois la Garde, avec un courage, un entêtement auxquels il faut rendre hommage, essaya de déboucher de Bannes ; quatre fois ses colonnes oscillèrent, tourbillonnèrent. La Garde, ou du moins la fraction de ce corps qui s'était glissée dans Bannes, eut vraiment là son tombeau. Et, comme Bannes, je vous le répète, est au bord des Marais de Saint-Gond, c'est sans doute ce qui a donné naissance à la légende de l'enlisement de la Garde dans ces mêmes marais...

* *

Il y avait une heure que le maréchal feuilletait devant moi sa mémoire. Sous le charme de cette parole si alerte et si prodigieusement vivante, je me serais bien gardé de l'interrompre, quand elle eût continué toute l'après-midi. Mais on annonça une visite : le général Prax, en tournée d'inspection à Morlaix, et, après m'être confondu en remerciements près de mon hôte, pour son extrême condescendance et l'intérêt passionnant des souvenirs qu'il avait bien voulu évoquer à l'intention de mes lecteurs, je quittai Tréfeunteuniou, dont un rayon de soleil, perçant le maussade plafond des nuées, dorait maintenant le perron où jouait un des petits-fils du grand soldat.

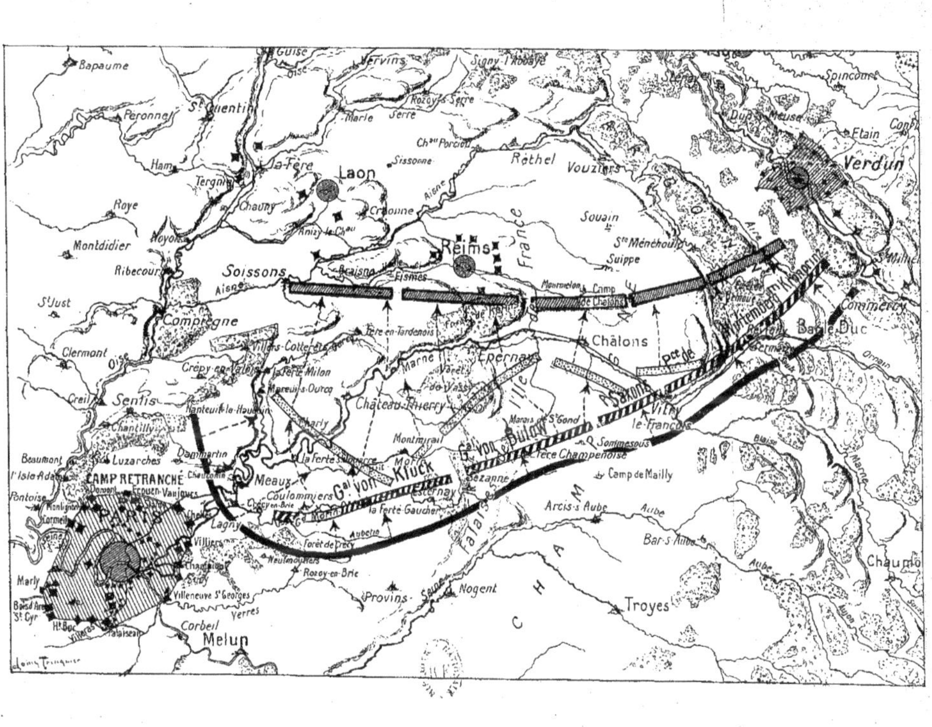

Bapaume
Guise
Vervins
Signy l'Abbaye
Spincourt
Péronne
St Quentin
Oise
Serre
Rozoy-s-Serre
Serre
Dun-s-Meuse
Etain
Conf
Ham
La Fère
Marle
Ch au Porcien
Rethel
Vouziers
Verdun
Tergnier
Laon
Sissonne
Millie
Roye
Chauny
Craonne
Souain
Montdidier
Noyon
Anizy-le-Chau
Reims
Ste Ménéhould
Commercy
Ribécourt
Soissons
Braisne
Fismes
France
Suippe
Würtemberg Kronpr
Bar-le-Duc
St Just
Aisne
Montmelon
Camp de Châlons
Ornain
Compiègne
Fère-en-Tardenois
Châlons
Pce de
Clermont
Oise
Villers-Cotterêts
Marne
Epernay
Saxone
Vitry-le-François
Creil
Senlis
Crépy-en-Valois
la Ferté Milon
de Vassy
Château-Thierry
Gal von Bülow
Fère Champenoise
Chantilly
Nanteuil-le-Haudouin
Mareuil-s-Ourcq
Charly
Montmirail
Marais de St Gond
Sommesous
Beaumont
Luzarches
Dammartin
Gal von Kluck
Sézanne
Camp de Mailly
l'Isle Adam
CAMP RETRANCHÉ
Meaux
Coulommiers
Esternay
Arcis-s-Aube
Aube
Pontoise
Châtillon
la Ferté Gaucher
Cormeil
Lagny
Crécy-en-Brie
Morin
Bar-s-Aube
Chaumo
Villiers
forêt de Crécy
Aubetin
Marly
Neufmoutiers
Rozoy-en-Brie
Provins
Seine
Nogent
Troyes
Bois d'Arcy
St Cyr
Villeneuve St Georges
Yerres
CHAM
Ht Bois
Palaiseau
Corbeil
Melun
CHAMPAGNE
Louis Tauzin

TABLE DES PLANCHES

TABLE DES MATIÈRES

ÉVREUX, IMPRIMERIE CH. HÉRISSEY (3-1921)